Books on Demand

L'empoisonneuse

Personnages :

Alfred Diezt -Adi-
Alphonse Barau
André Celard
Auguste Massard
Célestin Lalane
Charles
Gaspard le marchand de journaux
Gendarme numéro 1
Gendarme numéro 2
Jacqueline Herbert
La boulangère
La femme du boulanger
La foule
La patiente
La surveillante
L'homme de la cour
L'inspecteur Charac
Léon Besnard
Le docteur Galiot
Le curé
Le facteur
Le fossoyeur
Le Maire
Le juge de Bordeaux
Le juge de Poitiers
Les journalistes
Le jeune homme
Les photographes
Louise Pevard
Marie Besnard
Marie-Louise Davaillaud
Maître Gaurat
Maître Hayont
Monsieur Gaston
Patricia
Professeur Firmin
Professeur Peloux
Professeur Pecard
Un policier

Acte 1

SCENE 1
*Loudun 1947, dans la cuisine des Besnard Marie et Léon,
mangent une soupe.*

Marie : Tu en veux encore ?

Léon : Oui merci

*Il lui tend l'assiette, elle lui verse la soupe, remet la louche
dans la soupière, il pose l'assiette, prend sa cuillère et mange.*

Marie : Je pensais aller à la ferme de mes parents pour y
effectuer des travaux

Elle s'assoit.

Léon : Ça on peut dire qu'elle en à bien besoin

Marie : Je vais prévenir Adi

Léon : Pourquoi faire ?

Marie : Afin qu'il nous aide

Léon : Ça pas question

Marie : Mais pourquoi ?

Léon : Tu sais très bien que s'il vient avec nous c'est moi qui
ferais le sale boulot

Marie : Qu'est-ce que tu racontes ?

Léon : Que j'ai des fois l'impression d'être le domestique de
mon domestique dans cette maison

Marie : Tu te fais des idées mon pauvre Léon

Léon : Ça ça reste à prouver !

*Il se sert du vin, entre Louise Pevard, la meilleure amie de
Marie.*

Louise : Bien le bonjour Marie, Léon

Léon touche discrètement la main de son amie.

Marie : Bonjour Louise

Louise : Je n'ai pas vu notre jeune allemand ce matin

Elle s'assoit.

Marie : Il est parti très tôt au champ

Louise regarde sa montre.

Louise : Il est tout de même midi

Marie : Il finira bien par arriver, tu veux du café ?

Louise : Très volontiers

Marie se lève prépare le café, les deux autres échangent un doux regard derrière son dos, elle se retourne et lui donne une tasse.

Louise : Vous croyez qu'il va rester longtemps ?

Marie : Pourquoi ?

Louise : Cela fait un sacré bout de temps qu'il vit chez vous

Marie : Il restera le temps que ça lui plaira, et puis on a tellement de travail ici et à la ferme

Louise regarde Léon.

Louis : Ça va Léon ? Tu sembles fatigué

Léon : Il n'y a pas à se plaindre

Il tousse.

Louise : Tu devrais aller te reposer

Marie : Ne te fais donc pas de souci je suis là pour veiller sur lui

Louise : Marie, tu voudrais venir avec moi demain voir cette pauvre madame Ramouillet ?

Marie : Nous partons pour la ferme des Liboureaux dans la matinée

Louise : Dans ce cas je peux venir chez vous pour veiller aux grains

Léon : Adi va s'en occuper, je te remercie

Marie : Et puis nous ne partons que deux ou trois jours seulement

Louise : C'est bien la première fois que votre petit protégé ne vous suit pas quelque part

Marie : Qu'est ce que tu entends par là ?

Louise : Que je le trouve un peut trop présent

Léon : C'est normal il travaille pour nous

Marie : De plus il est comme un fils pour nous

Louise : Dans ce cas…

Elle boit son café, la maitresse de maison débarrasse, fait la vaisselle, Louise se lève.

Louise : Tu as besoin d'aide ?

Marie : Non merci je peux m'en occuper seule
Elle se rassoit.
Louise : Tu as vu Léon ? Il te manque un bouton
Léon regarde sa chemise.
Léon : Ah oui, je n'avais pas remarqué
Louise : Donne-la-moi je vais m'en occuper
Marie se retourne.
Marie : Ne te donne pas cette peine Louise je vais le recoudre, c'est pas la mère à boire
Louise : Avez-vous encore reçu des lettres anonymes ? Parce que moi j'en ai reçu deux cette semaine
Marie : Oui mais je les ai toutes brûlées, et puis les mauvaises langues n'ont rien à faire dans cette maison
Louise : Si vous voulez mon avis cette histoire finira mal
Léon : Ça s'arrêtera bien un jour
Louise : Souhaitons-le
Léon : Ne t'en fais donc pas pour ça va ! - *à Marie-* sers-moi un peu de café veux tu
Marie lui sert une tasse de café, il boit le café, entre Adi.
Louise : Tiens Adi
Adi : Bonjour madame Pevard
Louise : Tu as bien travaillé au champ ?
Marie : Laisse-le donc reprendre ses esprits assieds-toi -à Adi- j'ai fait ton plat préféré
Il s'assoit, elle lui sert une assiette de bœuf et de pommes de terre, il mange.
Léon : Demain nous partons pour la ferme des Liboureaux je compte sur toi pour finir de nettoyer la grange
Adi : D'accord
Il continue à manger. Louise le regarde d'un air douteux.
Marie : Tu as faim Louise ?
Louise : J'avoue avoir déjà pris mon déjeuner mais pourquoi pas
Marie lui sert une assiette, mange.
Louise : Si tu veux mon avis

Entre la mère de Marie.
Marie Louise : Elle n'en veut pas
Louise : Bonjour Marie-Louise
Marie : Bonjour maman
Marie-Louise regarde Adi.
Marie Louise : Qu'est-ce qu'il fait à table ?
Elle s'assoit.
Marie : Il a travaillé dur et a bien le droit de se reposer et de se rassasier
Marie Louise : De mon temps les ouvriers agricoles prenaient leurs repas aux écuries, avec de l'eau et du pain sec
Adi se lève.
Adi : J'ai du travail
Marie : Adi….
Marie Louise : Laisse-le il n'a pas sa place ici
Marie : Tu es bien dur avec lui
Marie Louise : Je suis juste et droite ma fille !
Louise et Léon se regardent, Marie débarrasse l'assiette, les couverts et le verre d'Adi pour les laver sans dire un mot.
Louise –a Marie-Louise- : Comment vous sentez vous aujourd'hui ?
Marie-Louise : Très bien
Louise : Vous avez besoin de quelque chose ?
Marie-Louise : Si j'ai besoin de quelque chose ce n'est sûrement pas à vous que je le demanderais
Louise : Je disais ça par courtoisie
Marie-Louise : Justement si l'on parle de courtoisie, permettez-moi de vous dire que vous pourriez avoir la décence de cesser de venir nous importuner comme vous le faites !
Louise : Plaît-il ?
Marie-Louise : Je ne suis pas assez clair ?
Louise : Si parfaitement
Marie-Louise : Alors que faites vous encore ici ?
Marie : Maman….

Louise : Ce n'est rien, de toute évidence, je ne suis pas la bienvenue ici

Elle se lève et sort.

Léon : Pourquoi vous avez fait ça ?

Marie-Louise : Je n'ai jamais aimé les gens qui s'incrustent et se mêlent de tout

Léon : Ça vous va bien de dire ça

Marie-Louise : Qu'est-ce que vous dites ?

Léon : Vous n'êtes pas chez vous ici

Marie-Louise - *à Marie* - : Tu vas le laisser parler comme ça à ta mère ?

Léon : Visiblement il n'y a pas de place pour moi dans cette maison

Il jette sa serviette sur la table et se lève.

Marie-Louise : Ce n'est pas moi la responsable

Il balance son assiette par terre.

Marie : Maintenant ça suffit !

Léon : Ne te mêle pas de ça toi !

Marie : J'ai le droit de me mêler de ce que je veux sous mon toit

Léon : Tu veux une rouste ?

Il lève la main.

Marie : Tu veux me frapper ? Allez vas-y frappe te gènes pas mais fais attention car moi je ne te louperai pas

Léon : Hors de ma vue !

Marie : Je suis encore chez moi ici jusqu'à preuve du contraire

Léon : Tu veux que je décampe pour rester seul avec ton boche c'est ça hein ?

Marie : Tu délires, tu ferais mieux d'arrêter le vin

Léon : Tu me fais des reproches maintenant ?

La mère de Marie se lève et part.

Léon : Il est temps que tu comprennes qui est le patron ici, alors quand je dis quelque chose tu le fais, compris ?

Il sort en claquant la porte. Dehors il crie sur Adi.

Léon : Et toi ne restes pas là à rêvasser ! Tu crois que je vais te regarder te tourner les pouces indéfiniment ? Allez fous moi le camp d'ici !

Marie ferme les yeux et pleure.Léon rentre dans la cuisine, s'assoit à la table et se sert un verre de vin. Il la regarde.

Léon : Allez cesse donc de pleurer et viens t'asseoir

Marie essuie ses larmes et s'assoit prés de Léon.

Léon : Tu m'en veux ?

Marie : Tu sais bien que non

Il se lève et enlace Marie en l'embrassant sur la joue.

Léon : À quelle heure tu veux partir demain ?

Marie : Je dois prendre les œufs aux poules à dix heures on pourrait partir après

Léon : Célestin peut s'en occuper

Marie : Non je dois les amener chez l'épicier

Léon : Tu pourras aller les déposer au retour

Il l'embrasse sur le cou.

Marie : Alors c'est d'accord.

Léon : Tu devrais aller préparer les affaires manouche

Marie : Oui tu as raison

Léon : Tu pourrais repasser mon pantalon gris ?

Marie : Bien sur, je vais en profiter pour recoudre le bouton qui manque sur ta chemise

Léon : Oui tiens

Elle se lève Léon retire sa chemise lui donne elle part, Il allume une cigarette, prend le journal et lit.

Léon : *« Nouveau triomphe pour la môme »*

Léon : Marie

Marie : Oui

Léon : On pourrait acheter un quarante-cinq tours au retour, qu'en dis tu ma douce ?

Marie : Que c'est une bien bonne idée

Léon : Il faudrait demander à Adi de réparer le tourne-disque

Marie : Inutile, il y'en a un à la ferme, on aura qu'a le ramener

Léon : Tu es sûr que ta mère ne dira rien ?

Marie : Cela fait vingt ans qu'il est là bas et puis ça lui fera sûrement plaisir de l'entendre, c'est son artiste préférée.
Léon : La tienne aussi manouche
Il fume sa cigarette et se sert un verre de vin.
Marie : Tu devrais arrêter de fumer
Léon : Tu as raison je vais préparer la voiture
Il se lève et sort, Marie prend son nécessaire à couture.

SCENE 2
Dans la cour des Liboureaux Léon titube et vomit dans un coin.

Marie : Qu'est-ce que tu as ?
Léon : je n'en sais rien
Marie : Rentre donc je vais te donner de l'huile de foie de morue
Léon Certainement pas j'ai horreur de ça
Marie : Ça te ferait pourtant du bien
Léon : Je suis robuste, j'en ai vu d'autres, tu devrais le savoir
Marie : Pour sûr
Léon se dirige vers la grange.
Marie : Où tu vas ?
Léon : Je dois finir de ranger les sacs de foin si on veut partir demain
Marie : On pourrait prendre la route plus tard, ta santé et plus importante
Léon : Faudrait savoir
Marie : Pourquoi tu dis ça ?
Léon tousse et monte se coucher.
Léon : Les sacs attendront
Marie : Je vais m'en occuper
Elle sort.

SCENE 3
Loudun, Marie est au chevet de Léon, une lampe à pétrole est allumée sur la table, elle éponge son front, entre Louise.

Marie : Tiens Louise je ne t'ai pas entendu entrer
Louise : Adi m'a ouvert, comment va-t-il ?
Marie : Il a toujours de la fièvre et n'arrête pas de vomir
Louise : Le médecin est venu ? Tu l'as appelé ?
Marie : Il doit passer dans la matinée
On tape à la porte.
Louise : C'est peut-être lui
Marie : Je vais voir
Marie sort de la chambre. Louise caresse la joue de Léon, on entend la porte d'entrée s'ouvrir, et des paroles s'échanger, Marie revient quelques minutes après avec le docteur Galiot, le docteur du village.
Louise : Bonjour docteur
Le docteur : Bonjour ma chère Louise
Il sort un stéthoscope de sa sacoche.
Le docteur : Respirez fort monsieur Besnard, toussez
Il tousse.
Louise : Alors ?
Le docteur : Ça à tout l'air d'être une crise de foie, il a mangé quelque chose de particulier ?
Marie : Non, juste de la soupe
Louise : Ce n'est certainement pas cela qui à du lui faire du mal, qu'en pensez vous ?
Le docteur : Probablement pas
Marie : Qu'est-ce que vous préconisez docteur ?
Le docteur : Du repos et de la nourriture saine, appelez-moi si la fièvre ne diminue pas
Marie : Vous serait-t-il possible de consulter ma gorge docteur ?
Le docteur : Mais certainement, ouvrez la bouche

Marie ouvre la bouche.
Le docteur : Sortez la langue Marie
Elle sort la langue.
Le docteur : Vous souffrez d'une vilaine angine, tâchez de vous ménager et d'avaler trois cuillerées à soupe de sirop d'orgeat après chaque repas
Marie : Combien je vous dois ?
Le docteur : Six francs
Elle prend des pièces dans le porte-monnaie elle les tend au docteur qui s'en saisit.
Le docteur : Merci, je dois prendre congé.
Louise : Marie tu devrais le raccompagner
Marie : Oui
Louise : Au revoir docteur
Le docteur : Je vous salue
Léon : Louise….
Louise : Oui
Léon : Marie….
Louise : Quoi Marie ?
Léon : La soupe….
Louise : Et bien quoi la soupe ?
Léon : Elle a mis quelque chose…
Louise : Elle a mis quoi ?
Léon : Du…
Louise : Du quoi ?
Léon : Du poison….
Louise : Mais enfin Léon tu n'y penses pas
Il ferme les yeux, Marie entre dans la chambre
Marie : Léon … non…
Elle se couche près de lui et pleure.

SCENE 4
Cimetière de Loudun. On entend le carillon funéraire, mêlé aux pleurs de Marie.

Le curé : Nous sommes réunis en ce jour pour dire adieu à Léon Besnard, tant aimé par sa femme, ses voisins et amis, puisse Dieu t'accueillir dans son paradis.

Il fait le signe de croix.

Le curé : Au nom du père, du fils et du saint esprit. Amen.

Marie : Léon, mon pauvre Léon….

Adi : Tenez

Adi donne une rose rouge à sa patronne, elle la prend.

Le curé : Jetez-la sur le cercueil

La boulangère : Courage Marie

Elle lance la fleur.

Marie : Mon Léon….

Elle pleure.

Le curé : Pauvre Léon Dieu ait son âme

Adi : Venez, ne restez pas là

Ils s'en vont, Louise les regarde.

SCENE 5
Château de Massard.

Auguste : Bonjour Louise, ne restez pas là entrez donc

Elle entre.

Auguste : Que me vaut votre visite ?

Louise : C'est horrible, il faut que je vous raconte ce qu'il c'est passé

Auguste : Qu'est-ce qu'il peut y avoir de si grave ?

Louise : Marie a empoisonné Léon

Auguste : Mais enfin ce n'est guère possible qu'est-ce que vous me racontez là ?

Louise : C'est lui qui m'a tout raconté

Auguste : Quand ?

Louise : Avant de mourir

Auguste : Mais le docteur Galiot n'a t'il pas parlé d'une crise de foie ?

Louise : Il est décédé d'une crise d'urémie

Auguste : L'urémie, il y'a autre chose ! Dans certains cas on associe cette maladie à de l'arsenic, appelé sous Louis XIV poudre de succession. Vous devriez allez raconter tous ce que vous venez de me dire à la police !

Louise : Oh non, je ne voudrais pas provoquer une histoire

Auguste : Faites comme vous voulez, mais ne venez pas vous plaindre après

Louise : Je vous demande pardon ?

Auguste : S'il se passe quelque chose vous connaîtrez la responsable

Elle sort, Auguste s'installe à son bureau et écrit un courrier au juge de Loudun.

Auguste :

« Monsieur le juge,

Les révélations que je vais vous faire me mettent dans une situation fâcheuse.Madame Louise Pevard, postière à Loudun, à reçu des confidences de la part du très regretté Léon Besnard, sur une question d'empoisonnement à l'arsenic que sa femme Marie Besnard lui aurait administrée.
Je prierai monsieur le juge, de ne pas mentionner mon nom, si votre honneur, déciderait d'ouvrir une enquête.

Je vous prie d'agréer Monsieur le Juge, l'expression de ma considération la plus haute.
Auguste Massard »

SCENE 6
Deux gendarmes arrivent chez Louise. Ils tapent à la porte elle ouvre.

Louise : Bonjour Messieurs
Le gendarme : Louise Pevard ?
Louise : C'est moi même

Le gendarme : Nous sommes venus vous interroger sur les accusations que vous avez portées contre madame Besnard

Louise : Comment ça mes accusations ?

Le gendarme : N'avez-vous pas dit à Auguste Massard que Léon Besnard vous aurait fait des confidences avant de mourir ?

Louise : Absolument pas, vous ne devriez pas écouter cet hurluberlu, il raconte n'importe quoi

Le gendarme : Vous ne lui avez donc rien dit ?

Louise : Absolument rien

Le gendarme : Pouvez-vous faire votre déclaration par écrit ?

Louis : Entendue

Elle prend une plume, du papier et écrit ce qu'elle a déclaré aux autorités, elle leur tend le papier.

Louise : Tenez messieurs

Le gendarme : Merci et veuillez nous excusez pour la gêne occasionnée.

Louise : Voulez vous une tasse de café ?

Le gendarme : Non jamais pendant le service

Louise : Très bien bonne journée à vous messieurs

Ils saluent et s'en vont.

SCENE 7
Dans la cuisine Marie repasse le linge, entre Adi.

Adi : J'ai fini de nettoyer la cour

Marie : Merci mon Adi

Deux gendarmes arrivent à la porte.

Le gendarme : Madame Besnard ?

Marie : Oui

Le gendarme : Nous venons vous interroger suite aux accusations d'Auguste Massard

Marie : Comment ça ?

Le gendarme : Vous n'êtes pas au courant ?

Marie : Au courant de quoi ?

Le gendarme : Auguste Massard vous accuse d'avoir tué votre mari

Marie : C'est une plaisanterie ?

Le premier gendarme : Je crains bien que non

Le gendarme : Madame Pevard lui aurait dit que votre époux se serait confié a elle avant de mourir.

Marie : Il lui aurait dit quoi ?

Le gendarme : Que vous l'auriez empoisonné

Marie : J'ai du mal à croire qu'elle ait pu inventer et raconter une histoire pareille

Le gendarme : Vous n'êtes donc pas responsable de la mort de votre mari ?

Marie : Non monsieur

Le gendarme : Nous vous remercions pour ce témoignage

Marie : Je vous en prie messieurs

Ils sortent, elle prend le téléphone, et appelle Louise.

Marie : Louise il faut que je te parle, viens me voir

Elle raccroche, s'assied à une table et épluche des pommes de terre, un quart d'heure après Louise arrive et ouvre la porte.

Louise : Tu voulais me parler ?

Marie : Je vais mettre en vente la maison que tu occupes, il faudra que tu ailles loger ailleurs

Louise : Et qu'ais je fais pour mériter ça ?

Marie : J'ai des traites à payer

Louise : Et tu me fais ça juste au moment où je me fais cambrioler ?

Marie : Ce n'est pas mon problème

Louise : Je suis persuadée que tu y es pour quelque chose

Marie : Tu as décidément une imagination qui dépasse l'entendement

Louise : Et quand devrais-je partir ?

Marie : Le plus vite possible

Louise : C'est très gentil, je suppose que je ne dois pas te remercier ?

Marie : Je pense en effet que ce n'est pas nécessaire ma pauvre Louise

Louise : Tu ne sais pas ce que tu es train de faire

Marie : Au contraire, j'en suis parfaitement consciente

Louise se retourne et part en claquant la porte, le garçon de ferme arrive par la porte du fond.

Adi : C'était madame Pevard ?

Marie : Oui, elle ne va pas tarder à quitter Loudun

Adi : Elle va déménager ?

Marie : Je vais vendre la maison

Adi : Celle qu'elle occupe ?

Marie : Oui

Entre Marie-Louise.

Marie : Tu as faim maman ?

Marie-Louise : Sert moi donc un bol de soupe

Elle s'assoit.

Marie : Tout de suite maman

Elle chauffe la soupe, prend une assiette et sert sa mère.

Marie : Tu veux de l'eau ?

Marie-Louise : Oui

Elle lui verse de l'eau, la mère de Marie boit sa soupe en silence, Adi allume une cigarette et fume. Marie-Louise tousse.

Marie-Louise : Est-ce qu'il est vraiment obligé de fumer ici ?

Marie : Adi, vas prendre du pain chez la boulangère

Adi : J'y vais

Il se lève et part.

Marie : Tu es fatiguée tu devrais aller te reposer

Marie-Louise : J'ai dû manger trop vite ce n'est rien

Marie : Je vais appeler le docteur

Marie-Louise : Inutile, ça va passer, je vais me reposer

Elle sort, en toussant, sa fille prend le téléphone.

Marie : Allô docteur, c'est Marie, ma mère ne se sent pas bien, elle tousse, venez s'il vous plait, très bien merci

Elle raccroche, débarrasse, vingt minutes après le médecin frappe à la porte.

Le docteur : Elle est couchée ?
Marie : Oui
Le docteur : Je monte la voir
Marie : Vous désirerez un peu de café en descendant ?
Le docteur : Oui ç'est pas de refus
Il sort, Adi rentre avec du pain, Marie fait chauffer du café.
Marie : Merci
Adi : Votre mère a déjà fini de manger ?
Marie : Elle est montée se coucher le médecin est auprès d'elle
Le docteur descend dix minutes plus tard.
Marie : Alors ?
Le docteur : Elle est atteinte d'une mauvaise grippe, elle a besoin de repos
Il écrit une ordonnance.
Le docteur : Tenez
Il lui tend, elle s'en saisit, elle lui sert une tasse de café.
Le docteur : Merci
Elle s'assoit et regarde l'ordonnance.
Le docteur : Ne vous inquiétez pas elle va guérir
Marie : Elle a les mêmes symptômes que Léon
Le docteur : Je vous ai expliqué, votre époux est décédé d'une crise de foie, il y a de plus une épidémie de grippe qui fait un ravage dans tout le pays
Marie : Dieu ait son âme…
Il finit son café.
Marie : Vous en voulez un autre ?
Le docteur : Non merci je dois rendre visite au petit Lambouret qui est fiévreux
Il se lève, prend sa sacoche et se dirige vers la porte.
Marie : Transmettez mes amitiés à sa maman de ma part
Le docteur : Naturellement
Il sort, Adi lui touche les épaules.
Adi : Ne vous inquiétez pas, elle sera sur pied dans quelques jours
Marie : Tu en es sur ?

Adi : Le docteur l'a dit
Marie-Louise tousse.
Marie : Elle tousse sans arrêt
Adi : Il lui suffit de prendre les médicaments que le médecin lui a prescrits
Marie : Mais s'ils ne lui font pas d'effet ?
Adi : Pourquoi vous dites ça ?
Marie : Cette épidémie est si grave
Adi : Allez vous reposer, je me charge de votre mère
Marie : Merci Adi
Adi prend Marie dans ses bras.
Adi : Tout ira bien
Marie : Puisse le ciel t'entendre
Elle sort, il prépare du café.

SCENE 8
Au cabinet du docteur Galiot, deux gendarmes tapent à la porte.

Le docteur *-à la patiente-* : Je vous prie de m'excusez un court instant
La patiente : Je vous en prie
Il va ouvrir la porte du cabinet.
Le gendarme : Docteur Galiot ?
Le docteur : Lui même
Le gendarme : Nous venons vous poser quelques questions à propos du décès de monsieur Léon Besnard, peut-on entrer ?
Le docteur : Je suis en consultation mais si vous voulez bien entrer
Il leur fait signe de rentrer. Ils rentrent.
Le docteur : Je vous demanderai de m'accorder quelques instants
Le gendarme : Faites donc votre devoir
Le docteur : Je ne serai pas long

Il disparaît derrière un rideau. Les gendarmes vont s'asseoir dans la salle d'attente. Quelques minutes plus tard, le docteur Galiot ressort suivit d'une jeune femme d'une trentaine d'années. Ils se lèvent.

Les gendarmes : Mademoiselle

La patiente les salue.

La patiente : Je vous remercie docteur

Le docteur : N'oubliez pas ce que je vous ai dit pas de surmenage

La patiente : Entendue

Le docteur : Au revoir

Elle sort.

Le docteur : Je suis à vous messieurs, en quoi puis je vous aider ?

Le gendarme : Nous enquêtons sur la mort de monsieur Besnard

Le docteur : Tout ce que je peux vous dire c'est qu'il est décédé d'une crise de foi mêlée à de l'urémie

Le gendarme : Rien d'autre ?

Le docteur : Non monsieur l'agent

Le gendarme : Très bien nous vous remercions

Le docteur : Je vous en prie

Les gendarmes s'en vont. Entre Louise.

Louise : Bonjours messieurs

Le gendarme : Bien le bonjour madame Pevard

L'autre gendarme : Comment se porte Marie-Louise ? On raconte qu'elle n'est pas en forme

Louise : Comme beaucoup de personnes

Le gendarme : Hélas

Le docteur : Que puis-je faire pour vous Louise ?

Louise : Pouvez-vous me prescrire une boite d'aspirine, j'ai un mal de tête qui ne cesse depuis hier

Le docteur : Mais certainement

Le docteur s'installe à son bureau, écrit une ordonnance. Il lui tend.

Le docteur : Tenez
Louise : Merci
Le docteur : Ce n'est rien
Louise : Je vous salue messieurs
Le gendarme : Comment se porte madame Besnard ?
Louise : Elle se maintient
Elle part vite.
Le gendarme : Etrange
L'autre gendarme : Pourquoi tu dis ça ?
Le gendarme : Elle est partie drôlement vite
L'autre gendarme : Oui et alors ?
Le gendarme : Tu ne trouve pas cela curieux ?
L'autre gendarme : Non
Le gendarme : Elle donnait l'impression de ne pas vouloir nous parler
L'autre gendarme : On l'a déjà interrogé
Le gendarme : Oui mais tout de même
L'autre gendarme : Allez ne restons pas là, merci bien docteur
Le docteur : A bientôt messieurs
Ils partent.

SCENE 9
Tintement des cloches funéraires mêlées aux pleurs de Marie.

Le prêtre : Que notre seigneur accueille Marie-Louise Davaillaud en son paradis, au nom du père du fils et du Saint esprit.
Marie pleure.
Auguste : Quelle honte
Louise : Chut
Auguste : Vous avez vu comme elle se donne en spectacle ?
Louise : Vous croyez vraiment que c'est le moment ?
Auguste : Je vais mener ma petite enquête
Louise : Bon ça suffit maintenant.
Marie : Ma toute petite maman….

Auguste : C'est ça pleure, tu vas voir
Louise : Taisez-vous donc enfin

SCENE 10
Au château d'Auguste Massard, le facteur tape à la porte,
Auguste ouvre.

Le facteur : Monsieur Massard ?
Auguste : Oui
Le facteur : Voici une lettre du juge
Auguste : C'est sûrement la réponse que j'attendais
Le facteur : Quelle réponse ?
Auguste : À la lettre que j'ai écrite au tribunal
Le facteur : Vous avez écrit au juge ?
Auguste : Oui
Le facteur : Pourquoi ?
Auguste : Au sujet d'un assassinat
Le facteur : Un assassinat ?
Auguste : Cette chère madame Besnard a empoisonné son
mari à l'arsenic
Le facteur : Vous êtes sûr ?
Auguste ouvre la lettre et lit.
Auguste : Ce n'est pas possible
Le facteur : Qui y a-t-il donc ?
Auguste : Affaire classée sans suite
Le facteur : C'était à prévoir
Auguste : Ne soyez pas aussi sûr de vous Raymond
Le facteur salue et part. Auguste froisse la lettre la balance
par terre et claque la porte.

SCENE 11
Dans la cuisine de Marie.

Adi : Marie, on continue de parler de vous et de moi dans le
village

Marie : Laisse-les parler ce ne sont que des racontars

Adi : Il faudrait peut-être mieux que je rentre en Allemagne

Marie : Mais Adi….

Adi : Le temps que la situation se calme

Marie : Fais ce que bon te semble mais n'aie aucune crainte le seigneur se chargera des langues de vipères, Louise à déménagé quand à Massard il lui arrivera certainement malheur.

La foule : Au feu ! Au feu !

Marie et Adi sortent de la maison.

Adi : Qu'est-ce qu'il se passe ?

Marie : Ça à l'air de provenir du château

Adi : Je vais voir

Marie : Non…reste ici Adi…

Adi : Qui a fait le coup vous pensez ?

Marie : Dieu a exercé son châtiment, ne reste pas là rentre

Ils rentrent, on tape à la porte, elle ouvre.

Marie : Suzanne ?

La boulangère : Marie, il faut que je vous dise, Auguste à l'intention de porter plainte contre vous

Marie : Pourquoi ?

La boulangère : Il croit que l'incendiaire c'est vous

Marie : Il a sûrement perdu la raison

La boulangère : Vous le connaissez, toujours à parler sur les uns et sur les autres

Marie : Oui surtout ici

La boulangère : Ces rumeurs vont bien finir par finir, tous comme les lettres anonymes

Marie : La vérité se fera, c'est tout ce que j'ai à répondre

La boulangère : Courage Marie

Marie : J'ai à faire bonne journée

Elle ferme la porte, la boulangère part.

Marie : Adi, surtout si on te dit quoi que ce soit surtout ne réponds pas, le silence est le meilleur des mépris

Adi : C'est promis

Marie : Avec le temps ils se rendront compte que cette histoire n'est qu'une pure invention
Adi : Courage Marie

SCENE 12
Marie, entre dans la cuisine, un balai à la main, Adi est assis l'air pensif il fume une cigarette.

Marie : Tu comptes partir quand ?
Adi : La semaine prochaine
Marie : Ils te manquent ?
Adi : Oui….
Marie : Tu pourrais partir demain
Adi : Vous êtes sûr ?
Marie : Oui, ne te fais donc pas de souci pour moi
Adi : Je vous remercie madame
Marie : Tu pourrais faire quelques travaux dans la cour avant ?
Adi : Avec plaisir
Marie : Tu es si courageux
Adi : Voulez vous aussi que j'aille poser des fleurs sur la tombe de monsieur ?
Marie : Non je m'en chargerai
Adi : Comme vous voudrez
Marie : Tu peux aller acheter de la farine ?
Adi : Oui
Elle se lève et va prendre de l'argent. Elle lui donne.
Marie : Tiens voila trois francs cela devrait suffire
Elle lui donne l'argent, il le prend.
Adi : Sûrement
Marie : Tu garderas le reste pour t'acheter des cigarettes
Adi : Je vous remercie Marie
Adi l'embrasse sur la joue et part. De la rue la femme du boulanger et le banquier les observent.
La femme du boulanger : Vous avez vu comme il embrasse sa patronne ?

Monsieur Gaston : En effet cela est fâcheux

La femme du boulanger : Cela ne fait pas longtemps que son époux est mort, et la voila déjà aux bras de ce boche

Monsieur Gaston : Aux bras n'exagérons rien

La femme du boulanger : J'ai toujours pensé qu'il y avait une liaison entre eux, d'ailleurs monsieur Besnard n'arrêtait pas de répéter qu'on le considérait comme un domestique dans son propre foyer, vous trouver cela normal ?

Monsieur Gaston : Le pauvre

La femme du boulanger : Oui Dieu ait son âme

Monsieur Gaston : Il se retournerait dans sa tombe s'il voyait de telles ignominies

La femme du boulanger : En effet

Monsieur Gaston : Si vous voulez mon avis….

La femme du boulanger : Oui ?

Monsieur Gaston : Cet allemand doit se sentir bien tranquille depuis la mort de Léon

La femme du boulanger : Vous croyez ?

Monsieur Gaston : De toute évidence

La femme du boulanger : Il faut dire que maintenant ils ont suffisamment d'argent

Monsieur Gaston : Savez vous combien la mort de Léon lui à rapporté ?

La femme du boulanger : Non ?

Monsieur Gaston : Je ne devrai pas vous dire ça mais la somme s'élève à plus de trois cents milles francs

La femme du boulanger : Et ben dis donc

Monsieur Gaston : Sans compter la ferme

La femme du boulanger : De plus j'ai cru comprendre qu'elle à touché un beau petit magot avec tous les décès qu'il y a eu

Monsieur Gaston : Douze pour être exacte

La femme du boulanger : Mon époux m'a dit qu'elle avait insisté auprès de Léon pour que ce boche vienne travailler pour eux.

Monsieur Gaston : Qui lui à raconté ça ?

La femme du boulanger : Monsieur Besnard

Monsieur Gaston : Nous pouvons dire qu'il est arrivé au bon endroit au bon moment

La femme du boulanger : Je ne comprends pas

Monsieur Gaston : Après la guerre, les prisons étaient bondées de prisonniers allemands

La femme du boulanger : Oui et bien ?

Monsieur Gaston : Ce que je veux dire par là c'est que ce sale boche savait bien où il mettait les pieds en se faisant engager par les Besnard

La femme du boulanger : Ah ?

Monsieur Gaston : Vous ne comprenez pas ?

La femme du boulanger : Non je dois l'avouer

Monsieur Gaston : Léon possédait une fortune considérable et si l'on en juge le comportement douteux d'Adi et de Marie, c'était un bon moyen pour avoir la paix et la tranquillité croyez moi

La femme du boulanger : Elle pourrait donc être aussi vile

Monsieur Gaston : Je l'ai toujours trouvé hargneuse

La femme du boulanger : Massard à bien agit finalement

Monsieur Gaston : Qu'est-ce qu'il à fait ?

La femme du boulanger : On raconte qu'il à écrit au juge

Arrive le maire de Loudun.

Le maire : Bien le bonjour

Monsieur Gaston : Bonjour Marc

La femme du boulanger : Bonjour monsieur le Maire

Le maire : Il fait bien beau aujourd'hui

Monsieur Gaston : Avez-vous entendu parler du courrier que Monsieur Massard aurait écrit au juge

Le maire : Auguste ?

Monsieur Gaston : Oui

Le maire : Que lui aurait t'il dit ?

La femme du boulanger : Que Léon aurait été empoisonné par sa femme

Le maire : Marie ? Mais enfin c'est impensable, elle n'aurait jamais fait une telle chose

Monsieur Gaston : Avec elle on peut s'attendre à tout

Le maire : Mais pourquoi aurait-il inventé une chose pareille ?

Monsieur Gaston : Ça je ne sais pas, mais tout ce que je peux vous dire c'est que les affaires ne sont pas brillantes pour elle

Le maire : Mais nous la connaissons depuis des années

Monsieur Gaston : Vous connaissez le dicton, se méfier de l'eau qui dort

Le maire : Il y a eu des suites ?

Monsieur Gaston Léon : Les gendarmes ont classé l'affaire

Le maire : Et bah alors, il n'y a pas de quoi s'inquiéter au fait Albertine

La femme du boulanger : Oui monsieur le Maire

Le maire : Pouvez-vous demander à votre mari de préparer une pièce montée à la ganache pour la noce de mon frère aîné ?

La femme du boulanger : Antoine se marie ?

Le maire : Oui dans une semaine

Monsieur Gaston : Avec qui ?

Le maire : Pierrette

La femme du boulanger : La filleule de Bertrand ?

Le maire : Oui

La femme du boulanger : Vous lui transmettrez tous mes vœux de bonheur

Le maire : Je n'y manquerai pas

Monsieur Gaston : Son mari n'est-il pas mort à la guerre ?

Le maire : Hélas oui

Monsieur Gaston : Décidément

Le maire : Quoi décidément ?

Monsieur Gaston : Regardez Marie

La femme du boulanger : Monsieur Gaston…

Le maire : Mais qu'est-ce que cela signifie ?

Monsieur Gaston : Il n'y a pas si longtemps que Léon est mort et elle roucoule déjà comme une tourterelle dans les bras de son employé

Le maire : Son employé ?

Monsieur Gaston : L'allemand

Le maire : Adi ?

Monsieur Gaston : Oui

Le maire : Voyons vous vous faites des idées

Monsieur Gaston : Alors pourquoi ne l'a-t-elle pas congédié quand son mari est décédé ?

Le maire : Vous savez bien qu'il est d'une grande aide dans le foyer Besnard, qu'en pensez-vous Albertine ?

La femme du boulanger : Oh moi ce que j'en dit…

Le maire : L'avis de tous mes concitoyens est précieux

La femme du boulanger : Je connais Marie depuis des années comme la plupart des gens d'ici elle ne peut pas s'occuper de la ferme toute seule, personne ne le peut d'ailleurs.

Le maire : Mais pourquoi n'engagerait t'elle pas un autre commis ? Elle en a pourtant les moyens

Monsieur Gaston : Ça c'est vrai

La femme du boulanger : Bah Léon l'aimait bien

Monsieur Gaston : Au début oui

La femme du boulanger : Pourquoi vous dites ça ?

Monsieur Gaston : Il disait que ce jeune allemand le gênait

La femme du boulanger : Quand est-ce qu'il vous a dit ça ?

Monsieur Gaston : Avant de mourir

Le maire : Cela expliquerait effectivement bien des choses

La femme du boulanger : Que voulez vous dire ?

Le maire : Je parle des fréquentes disputes survenues entre eux

La femme du boulanger : Ils se disputaient pourquoi ?

Monsieur Gaston : Pour ce boche

Le maire : Par ailleurs j'ai cru comprendre qu'il ne s'entendait pas avec Marie-Louise

La femme du boulanger : La mère de Marie ?

Le Maire acquiesce de la tête.

Monsieur Gaston : Ça pour sûr elle n'aimait pas qu'il fourre son nez partout

Le maire : Il n'y avait pas que lui à faire ça si vous voulez mon avis

La femme du boulanger : De qui parlez-vous ?

Le maire : Madame Pevard

La femme du boulanger : Louise ?

Le maire : Oui

La femme du boulanger : Mais c'est la meilleure amie de Marie

Monsieur Gaston : C'était

Le maire : Il faut avouer qu'elle était très proche de Léon

Monsieur Gaston : Ça pour sûr

La femme du boulanger : Ce n'est qu'une rumeur

Monsieur Gaston : Une rumeur dites-vous ?

Le maire : Mais sa femme elle-même est au courant

Monsieur Gaston : Il n'y a pas qu'elle

La femme du boulanger : Veuillez m'excuser j'ai à faire

Le maire : Mais certainement

Monsieur Gaston la salue. Elle part.

SCENE 13
On frappe à la porte, Marie va ouvrir, entre un inspecteur accompagné de deux gendarmes.

L'inspecteur : Madame Besnard ?

Marie : Oui ?

L'inspecteur : Inspecteur Charac, je dois vous interroger veuillez nous suivre

Marie : Si vous venez m'interroger sur l'incendie au château sachez messieurs que je n'y suis pour rien

L'inspecteur : Vous avez de la chance, nous avons découvert le coupable qui n'est autre que le fils de son domestique

Marie : Oui et alors ?

L'inspecteur Nous sommes venu suite à une dérogation du juge de Loudun vous poser quelques questions sur le décès de votre mari.

Marie : Vous feriez mieux de laisser mon cher Léon reposer en paix

L'inspecteur : Ne prenez pas trop les choses à la légère, beaucoup vous accusent d'être à l'origine de sa mort, ainsi que de l'écrit de lettres anonymes.

Marie : Des lettres que j'ai reçu également monsieur

L'inspecteur : Vous les avez en votre possession ?

Marie : Non je les ai toutes détruites

L'inspecteur : Inutile de nous mentir, sachez que vous êtes placée comme suspecte numéro un pour l'empoisonnement de votre époux, nous allons d'ailleurs procéder à l'exhumation de son corps dans les meilleurs délais.

Marie : Mon pauvre mari ne peut on pas le laisser dormir ?

L'inspecteur : Suite à l'exhumation le professeur Peloux de Marseille va les examiner, maintenant venez

Marie : Il faut que j'aille prévenir Adi

L'inspecteur : Votre amant ?

Marie : C'est absurde

L'inspecteur : Ça suffit, prenez vos affaires et suivez-nous

Elle ferme les fenêtres et sort.

Marie : Où m'emmenez-vous ?

L'inspecteur : Ne posez pas de questions

Marie : J'ai tout de même le droit de savoir

L'inspecteur : En voila assez

Ils sortent.

SCENE 14
Bureau de l'inspecteur.

L'inspecteur : Bon dites-moi la vérité, avez-vous oui ou non empoisonné votre mari ?

Marie : Je ne peux pas vous dire ce qui n'est pas
L'inspecteur soupire.
L'inspecteur : Niez-vous également qu'Alfred Dietz est votre amant ?
Elle ne répond pas.
L'inspecteur : Répondez à la question
Marie Besnard : Laissez-le en dehors de ça
L'inspecteur : Vous le protégez ?
Marie Besnard : Je vous dis la vérité
L'inspecteur : Depuis quand le dénommé Alfred Dietz est à votre service ?
Marie Besnard : Je le considère comme faisant partie de la famille
L'inspecteur allume une cigarette et s'assoit.
L'inspecteur : Je n'ai jamais vu quelqu'un d'aussi bornée, j'ai reçu ce matin une liste de personnes de votre entourage dont vous avez hérité bizarrement, voyons voir nous avons : Auguste Antigny, Marie-Louise Lecomte Labrèche, Touussaint Riveret, pierre Davaillaud, Louise Labrèche, ça en fait du monde, Marcellin Besnard, Marie-louise Gouin, Lucie Besnard, Pauline Lalleron, je continue ?
Marie ne répond pas.
L'inspecteur : Virginie Lalleron, Léon Besnard, et enfin Marie-Louise Antinigy, qu'est-ce que vous avez à répondre à ça ?
Marie : Qui vous a envoyé ça ?
L'inspecteur : Ce n'est pas la question
Marie : Je n'ai rien à répondre à de telles accusations
L'inspecteur : Ne faites pas l'innocente, monsieur Massard que vous connaissez, vous accuse d'être à l'origine de leurs morts
Marie : Cela ne m'étonne pas monsieur l'inspecteur
L'inspecteur : Expliquez-vous !
Marie : Il fait constamment des histoires sur tous
L'inspecteur : Ce ne sont que de simples histoires selon vous ?
Marie : Il n'y a rien de vrai dans ce qu'il raconte

L'inspecteur : Et les héritages que vous avez reçus, ils sont anodins ?

Marie : Je vous le répète, je n'ai empoisonné personne

L'inspecteur : Comment vous y étés vous prise ? Et pourquoi ? Pour vivre avec votre garçon de ferme ?

Marie : Je ne peux répondre à aucune de ces questions

L'inspecteur : Alors avouez

Marie : Je n'avouerai jamais des crimes que je n'ai pas commis monsieur l'inspecteur

L'inspecteur souffle.

L'inspecteur : Puisque vous refuser d'avouer regardez ça !

Il lui tend des feuilles, elle les regarde.

Marie : Qu'est-ce que j'ai à voir là dedans ?

L'inspecteur : Vous allez me dire que vous ne reconnaissez pas votre écriture ?

Marie : Non monsieur

L'inspecteur : Nous allons interroger d'autres témoins, en attendant restez à la disposition des autorités

Marie : A propos de quoi ?

L'inspecteur : Pour mettre au clair cette histoire de lettres anonymes

Marie : Puisque je vous dis que je n'y suis pour rien

L'inspecteur : Combien en avez-vous écrites ?

Marie : Je ne peux pas vous révéler quelque chose qui n'existe pas

L'inspecteur : Puisque vous n'en faites qu'a votre tête vous ne me laissez pas le choix

Il se lève et va ouvrir la porte.

L'inspecteur : Entrez je vous en prie

Monsieur Gaston entre.

L'inspecteur : Reconnaissez-vous monsieur Gaston ici présent ?

Marie : Oui….

L'inspecteur : Monsieur Gaston, pouvez jurer en votre âme et conscience que vous reconnaissez avoir reçu pendant plusieurs mois des lettres anonymes ?

Monsieur Gaston : Je le jure monsieur l'inspecteur

L'inspecteur : Que disaient t'elles ?

Monsieur Gaston : Des horreurs, ça oui des démêlées

L'inspecteur : Les avez-vous ?

Monsieur Gaston, sort les lettres de sa serviette en cuir.

Monsieur Gaston : Les voici

L'inspecteur s'en saisit.

L'inspecteur : Merci asseyez vous je vous prie.

Monsieur Gaston s'assoit.

L'inspecteur : Reconnaissez-vous l'écriture de madame Besnard ici présente ?

Monsieur Gaston : Parfaitement

L'inspecteur : Alors voyons un peu, et ben « Ta femme est une putain, ton gendre est un voleur, ton mari te trompe »

Il passe les feuilles une par une.

L'inspecteur : Ah vous n'y allez pas de mains mortes !

Marie : Ce n'est pas moi qui ai écrit tout ça

L'inspecteur : Taisez-vous !

Il lui tend un papier et un crayon.

L'inspecteur : Ecrivez

Marie : Pourquoi ?

L'inspecteur : Nous allons comparer votre écriture à celle du corbeau

Marie : C'est inutile

L'inspecteur : Inutile vous dites ?

Marie : Je suis innocente monsieur l'inspecteur

L'inspecteur : Ecrivez, ton mari te trompe

Elle écrit.

L'inspecteur : Ton mari te trompe, ton mari te trompe

Marie : Inspecteur

L'inspecteur : Quoi encore ?

Marie : On m'en a envoyé aussi

L'inspecteur : Et comme par hasard vous ne les avez pas

Monsieur Gaston : Peut être bien qu'elle se l'ai envoyée à elle-même inspecteur

L'inspecteur : Excellente idée monsieur Gaston, je vais faire noter votre déclaration dans le dossier

Marie : Il ment

L'inspecteur : Continuez ! Ta belle fille est une traînée

Monsieur Gaston : Avez-vous encore besoin de moi l'inspecteur ?

L'inspecteur : Non vous pouvez partir, je vous remercie pour votre témoignage qui s'avérera précieux pour cette affaire

Monsieur Gaston : Je vous en prie, ce fut un plaisir monsieur l'inspecteur

Il salut et part.

Marie : Je peux rentrer chez moi, moi aussi ?

L'inspecteur : Certainement pas

Marie : Pourquoi est-ce que vous vous acharnée sur moi ?

L'inspecteur : Vous n'êtes pas en mesure de me poser des questions, vous partirez quand j'en aurai fini avec vous

Marie : Vous n'avez aucune preuve

L'inspecteur : Je n'en serai pas si sur si j'étais vous écrivez, ta belle fille est une traînée, ton père te vole de l'argent, ton père te vole de l'argent….

Elle écrit.

L'inspecteur : Donnez-moi ça

Elle lui donne la feuille, il s'en saisit.

L'inspecteur : Très bien

Marie : Je peux partir ?

L'inspecteur : Maintenant oui, mais n'oubliez pas, restez à la disposition des autorités en attendant l'interrogation d'autres témoins

Marie Besnard se lève.

Marie : Qui allez vous interroger ?

L'inspecteur : Ceux ne sont pas vos affaires

Elle sort, l'inspecteur ferme la porte derrière elle. Il s'assoit et décroche le combiné.

L'inspecteur : Ça y'est-elle vient de partir, oui, cette fois on la tient.

Il raccroche, se sert un verre d'alcool et boit en souriant.

SCENE 15
Marie, arrive chez elle, pose son sac sur la table de la cuisine et ôte son manteau sur une chaise, une pierre contenant un message atterrit en plein milieu du salon en cassant un carreau, elle se saisit de la pierre, défait le papier et lit.

Marie : Empoisonneuse....

Elle froisse le papier, se dirige vers le poêle, l'ouvre et jette la feuille dedans, elle ferme le couvercle et va jeter la pierre à la poubelle et regarde une photographie de Léon posée sur la cheminée. Célestin Lalane le fermier de Marie tape à la porte.

Marie : Entrez

Célestin entre.

Célestin : Bien le bonjour madame Besnard

Marie : Ah c'est vous Célestin

Il rentre et regarde par terre.

Célestin : Qu'est-ce qu'il s'est donc passé ici ?

Marie : Des chenapans

Célestin : C'est rapport avec ce qu'on raconte sur vous ?

Marie : Je n'y fais pas attention

Célestin : C'est qu'il s'en dit des choses à Loudun depuis la mort de monsieur Léon

Marie : Vous y croyez-vous ?

Célestin : Oh pour sûr non !

Marie : Ceux sont des mauvaises langues que le bon Dieu punira un jour

Célestin : Oh ne faut donc pas parler comme ça madame Besnard

Marie : Mon pauvre Léon se retournerait dans sa tombe en entendant ces monstruosités, bon vous venez pour quoi Célestin ?

Célestin : Je viens de finir de déblayer l'allée centrale

Marie : Merci

Célestin : Et ….

Marie : Oui ?

Célestin : Pouvez vous pas me donner ma paye pour les quinze jours ?

Marie : Je vous la donnerai à la fin du mois comme d'habitude

Célestin : C'est que….

Marie : C'est que quoi ?

Célestin : Je ne puis plus travailler pour vous

Marie : Pourquoi ?

Célestin : Ben….

Marie : Venez en au fait Célestin

Célestin : C'est le père Laglot qui à besoin d'aide pour ses plantations

Marie : Ça ne peut pas attendre ?

Célestin : Je crains bien que non

Marie : Comme vous voudrez…

Elle va chercher sa boite en fer, l'ouvre et en sort des pièces, elle referme la boite, la range, avance vers Célestin, et les lui tends.

Marie : Voila douze francs et cinquante centimes.

Il se saisit du billet et de quelques pièces.

Célestin : Merci bien au revoir madame

Il s'en va.

Marie : Célestin

Célestin : Oui ?

Il se retourne.

Marie : Il n'y a jamais eu de plantations n'est ce pas ?

Célestin : Je…au revoir

Il sort. Marie s'assoit et prend son chapelet.

Madame Besnard : Je vous salue marie, pleine de grâce, le seigneur et avec vous, vous étés bénie entre toutes femmes et Jésus le fruit de vos entrailles et bénit sainte Marie mère de Dieu priez pour nous pauvre pécheur maintenant et à l'heure de notre mort. Amen.
Elle fait le signe de croix.

SCENE 16

Un policier : Madame Besnard
Marie Besnard : C'est moi-même
Un policier : Je viens par dérogation du juge
Marie Besnard : l'inspecteur m'a déjà convoqué
Un policier : Où est monsieur Diezt ?
Marie : Adi ?
Un policier : Où est-il ?
Marie : Qu'est-ce que vous lui voulez ?
Un policier : Nous avons un mandat d'arrêt contre vous deux
Marie : Vous n'avez décidément aucune autre occupation que de venir me déranger messieurs
Un policier : Je ne me répéterais pas, appelez votre commis et suivez-nous
Adi arrive.
Adi : Je suis là
Un policier : Suivez-nous je vous prie, tendez vos mains
Marie : Quoi ....
Un policier : Madame Besnard vous êtes en état d'arrestation, Vous avez le droit de garder le silence, tous ce que vous direz pourra être retenu contre vous.
Le policier leur met les menottes.

SCENE 17
11 mai 1949, au cimetière de loudun.

Marie : Non ne le touchez pas, laissez-le reposer en paix !

L'inspecteur : Plus un mot madame Besnard, laissez travailler les experts
Elle pleure. On déterre le corps de Léon.
Marie : Mon pauvre mari
Elle regarde en pleurant l'exhumation et amener les bocaux à Marseille.
La boulangère : Marie, ne regardez pas cela ça vous tourmente
Marie : Suzanne, mon cher et tendre Léon
Elle s'évanouit.
Suzanne : Marie, inspecteur aidez-moi ! Je vous en prie
L'inspecteur : Ce n'est pas le moment de faire votre cinéma madame Besnard
La boulangère : Inspecteur je vous en prie appelez vite un médecin, manqueriez vous de cœur à ce point ?
L'inspecteur : Je fais mon travail madame
La boulangère : Votre travail n'est t'il pas de venir en aide aux plus démunis ?
L'inspecteur : Permettez-moi de vous dire que dans sa situation elle n'est pas des plus à plaindre
La boulangère : Vous pouvez au moins allez lui chercher un verre d'eau
L'inspecteur : - *à un policier* - : Occupez-vous d'elle
Le policier : Tout de suite commissaire
Il s'abaisse.
Le policier : Venez-vous asseoir
Il s'en va revient avec un verre d'eau.
Le policier : Buvez
Marie : Merci
La boulangère : Vous devriez rentrer Marie, venez avec moi je vais vous raccompagner
Marie : Ils ne m'ont même pas laissé le voir
La boulangère : Non
Marie : Ils ne l'emporteront pas au paradis
La boulangère : Venez
Marie et la boulangère partent.

Le fossoyeur - a l'inspecteur - : Combien y'a-t-il donc de corps à déterrer l'inspecteur ?
Monsieur : Aucun, enfin pour l'instant

SCENE 18
Commissariat 21 juillet 1949

L'inspecteur : Asseyez-vous
Ils s'assoient.
Marie : Qu'est-ce que Adi vient faire là dedans ?
L'inspecteur : Nous avons des preuves formelles que vous entreteniez une liaison
Marie : C'est ridicule
L'inspecteur : Vos voisins ont témoigné
Marie : Par exemple ?
L'inspecteur : Madame Pevard, qui vous accuse d'entretenir une idylle avec le prisonnier allemand
Adi : Mais c'est faux
Il se lève.
L'inspecteur : Veuillez-vous asseoir
Il s'assoit.
Marie : Vous n'avez aucune preuve monsieur l'inspecteur, strictement aucune.
L'inspecteur : Depuis quand entreteniez vous cette liaison ?
Marie ne répond pas.
L'inspecteur : Répondez
Marie : Je ne peux pas répondre à quelque chose qui n'existe pas
L'inspecteur : Vous tenez vraiment à vous faire couper la tête ?
Nous avons reçu les résultats des analyses, elles s'avèrent être positives, en arsenic, vous n'avez donc plus aucun moyen de nier.
Marie : J'aurais donc empoissonné mon mari à l'arsenic, c'est tout ce que vous avez trouvé ?

L'inspecteur se lève violement.
L'inspecteur : Oui tu as empoisonné ton Léon et douze autres personnes de ta famille ! Comme tu es à l'origine de ces foutues lettres
Marie : C'est faux !
L'inspecteur : Nous en avons les preuves. Le juge d'instruction va t'envoyer en prison en attendant ton procès et l'exhumation des douze corps cités sur la liste, - a Adimonsieur vous êtes libre
Adi et Marie se regardent une dernière fois, le commis disparaît dans le couloir du commissariat, on ne le revit jamais.

SCENE 19
Marie, entre dans sa cellule.

L'inspecteur : Voilà on y est
Marie : Vous êtes en train de faire une belle erreur judiciaire inspecteur
L'inspecteur : Mais oui c'est ça
Marie : Où est Adi ?
L'inspecteur : Je crois bien que votre petit protégé est repartit chez lui, ceci dit ça vaudrait mieux pour lui
Marie : Il est innocent
L'inspecteur : Lui sûrement
Il s'en va, arrive une surveillante.
La surveillante : Donne-moi ça
Marie : C'est mon Léon qui me l'a offert avant de mourir
La surveillante : On ne va pas te le perdre t'en fais pas
Marie le retire de son cou et lui donne. Arrivent deux avocats.
L'avocat : Bonjour Marie
Marie : Bonjour…
L'avocat : Je me présente, maître Gaurat et voici maître René Hayont.
Marie : Enchantée messieurs.

L'avocat : Nous allons vous défendre contre la partie civile

Marie : Je suis innocente messieurs.

L'avocat : Nous en sommes convaincus

Marie : Vous croyez que je vais rester ici longtemps ?

L'avocat : Nous ne pouvons pas l'affirmer

Marie : Quand je pense que je suis accusée de toutes ces horreurs….

L'avocat : Pour l'instant ils n'ont aucune preuve

Marie : Oui pour l'instant….

L'avocat : J'ai besoin de vous poser quelques questions madame

Marie : Je vous écoute

L'avocat : Quelles relations entreteniez-vous avec vos voisins ?

Marie : Je n'ai jamais eu à me plaindre….

L'avocat : Pourriez-vous me parler de madame Pevard ?

Marie : C'était ma meilleure amie enfin je le croyais …

L'avocat : Vous la connaissiez depuis longtemps ?

Marie : Six ans

L'avocat : Vous la croyez si proche de votre mari ?

Marie : Je n'avais rien vu.

L'avocat : Désole de vous poser tant de questions Marie mais nous avons besoins de renseignements plus approfondis afin de préparer votre défense

Marie : L'unique chose que vous devez savoir c'est que je suis innocente messieurs

L'avocat : Ça nous le savons Marie

Fin de l'acte 1

Acte 2

SCENE 1
20 février 1952, premier jour de procès. La foule entre dans la salle du tribunal, les jurés, l'avocat de la partie civile, les membres de la juridiction, le président du tribunal, s'assoient.

Le juge : Silence, silence dans la salle
Il tape plusieurs fois sur le tas, l'assistance se tait.
Le juge : Faites entrer l'accusée !
Marie entre aux bras de deux policiers sous les flashs incessants des photographes et les hurlements. Elle porte un voile noir et un chapelet.
Le juge : Accusée Marie Joséphine Philippine Besnard, née Davaillaud le 15 août 1896, à Saint Pierre de Maillé est-ce exact ?
Marie : Oui….
Le juge : Marie Besnard vous êtes accusée d'avoir empoisonnée douze membres de votre famille à l'arsenic, voici la liste que nous avons reçu Auguste Antigny, Marie - Louise Davaillaud Lecomte Labrèche, Toussaint Riveret,
Marie pleure, et essuie ses larmes.
Auguste - *à Louise* - : Elle peut pleurer maintenant tiens
Louise : Chut
Le juge : Pierre Davaillaud, Louise Labrèche, Marcellin Besnard, Marie Louise Gouin, Lucie Besnard, pauline Lalleron, Virginie Valleron, Léon Besnard, et Marie Louise Antinigy
Marie : Je suis innocente monsieur le Président, je ne suis pas responsable de la mort de mes chers défunts.
Le juge : Madame Besnard suite aux recherches des experts, il est ressorti que les cadavres exhumés au cimetière de Loudun contenaient tous de l'arsenic, vous rendez vous compte ? Votre mère !
Marie : Je n'aurais jamais empoisonné ma chère petite maman monsieur le président, c'était une sainte femme
Bruit de la foule.

Le juge : Silence

La foule se calme.

Le juge : Faites venir à la barre le fossoyeur du cimetière de Loudun

Le fossoyeur arrive.

Le juge : Selon les experts, les bocaux contenants les viscères des cadavres n'ont jamais été nettoyés, comment cela se fait-il ?

Le fossoyeur : Oh vous savez monsieur le juge moi on m'a juste demandé de remplir les bocaux

Le juge : Mais votre travail n'est t'il pas d'entretenir tous ce qui ait en rapport avec le cimetière ?

Le fossoyeur : C'est qu'on à tellement de travail nous autres

Le juge soupire.

Le juge : Merci vous pouvez disposer

Le fossoyeur : A votre service votre honneur

Il salue et part.

Le juge : Faites venir le témoin suivant

Le témoin arrive.

Le juge : Déclinez votre identité

Le témoin : Alphonse Barau

Le juge : Quand avez-vous vu madame Besnard pour la dernière fois ?

Le témoin : C'était y'a fort longtemps

Le juge : Pouvez-vous être plus précis ?

Le témoin : Je crois bien que c'était en 1954

Le juge : Vous croyez ou vous êtes sur ?

Le témoin : Je suis sur

Le juge : En quelle occasion ?

Le témoin : C'était lors d'un repas, Léon avait beaucoup travaillé et Marie nous avait servi la soupe ?

Le juge : Qui a t'elle servi en premier ?

Le témoin : Oh ça je ne sais plus monsieur

Le juge : Elle vous a paru suspecte ?

Le témoin : Non je n'ai pas fait grand Dieu attention

Le juge : Je vous remercie vous pouvez vous retirer
Il se retire.
Le juge : J'appelle à la barre le professeur Peloux, scientifique à Marseille
Le professeur Peloux, s'avance jusqu à la barre.
L'avocat : Professeur Peloux, vous avez analysé avec soins les fragments des corps présentés sur la liste dont nous a fait part le président.
Le professeur Peloux : Oui, en effet
L'avocat : Qu'avez-vous trouvé ?
Le professeur Peloux : J'ai trouvé quarante trois milligrammes d'arsenic.
L'avocat : En êtes-vous certain ?
Le professeur Peloux: Evidement pour qui me prenez vous ?
L'avocat : Si monsieur le président me permet j'aimerai soumettre une petite expérience au professeur Peloux
Le juge : Mais certainement
L'avocat : Merci votre honneur, professeur, voici six tubes d'analyses provenant de laboratoires pharmaceutiques, deux d'entre eux contiennent de l'arsenic, veuillez-nous les montrer s'il vous plait
Le professeur analyse les tubes et en sort deux qu'il tend à l'avocat de la défense.
Le professeur : Ceux la !
L'avocat : Merci, il y à cependant une légère erreur dans vos révélations professeur
Le professeur : Je ne comprends pas
L'avocat : Si nous étudions attentivement les analyses de celles-ci, nous nous apercevons qu'aucun d'entre eux ne possède d'arsenic mai de l'antimoine
Il se retourne et les brandit comme un trophée à l'assistance.
La foule acclame est applaudit.
Le juge : Silence, silence ou je fais évacuer la salle, suite à ces révélations, le procès est reporté, je nomme par conséquent

trois nouveaux experts pour exhumer les corps au cimetière de Loudun.

L'avocat : Vous voila jugé professeur, je rappel de plus au tribunal que le professeur à déjà confondu du sang humain à celui d'un bœuf

Le professeur Peloux: Je ne me suis jamais senti aussi bafoué

La foule hue et applaudit.

Le professeur Peloux: C'est une honte

Le professeur s'en va en hurlant, la foule hue.

Le juge : Silence !

Marie -*à son avocat*- : Que signifie ceci maître ?

L'avocat : Ils vont probablement convoquer une autre équipe d'experts pour exhumer les corps

Marie : Mais le professeur ….

Le juge : En vu des nouveaux événements qui surviennent, j'exige la convocation immédiate d'experts afin d'effectuer de nouvelles expertises au cimetière de Loudun.

Marie- a son avocat- : Et moi qu'est-ce que je fais ?

Le juge : Vous retournez en prison

Marie : Mais….

Les gendarmes la ramènent en prison.

SCENE 2
Dans sa cellule, arrive sa nouvelle codétenue.

La surveillante : Tiens un peu de compagnie pour toi, tachez de bien vous entendre

La surveillante referme la porte.

Patricia : Alors c'est toi l'empoisonneuse ?

Marie ne répond pas.

Patricia : Et ben tu n'es pas bavarde toi, moi c'est Patricia

Marie : Marie….

Patricia : Oui je sais, c'est toi qui as tué ton jules

Marie : Je suis innocente

Patricia : Mais oui c'est ça moi aussi et en plus je suis la femme à De Gaulle

Elle s'assoit sur sa couche.

Patricia : Tu as fait fort quand même, douze personnes

Marie : Ils auront du mal à me juger coupable

Patricia : Allez ma biche, entre voisines de cellule on se dit tout

Marie : Je ne peux pas dire quelque chose qui n'existe pas

Patricia : Moi à ta place j'avouerais tout, si ça peut te faire éviter la guillotine, allez dis le moi je ne dirais rien

Marie : Non laissez moi donc tranquille

Elle s'allonge sur sa couche en pleurant.

Patricia : Et ton amant ?

Marie : Mon amant ?

Patricia : Tu ne vas pas faire ta mijaurée en plus non, après t'aurais eu tord de te priver, il est plutôt craquant

Marie : Adi n'était pas mon amant

Patricia : Tu ferais une bonne comédienne toi tiens, enfin si tu préfères perdre ton temps

Marie : Mais je n'ai rien fait….

Patricia : Oh tu ne veux pas changer de disque un peu ? Si tu es entrée ici ce n'est pas pour quelques jours, il a lieu quand ton procès maintenant ?

Marie : Je ne sais pas, ils doivent d'abord exhumer mes pauvres disparus

Patricia : Tes avocats t'ont rien dit ?

Marie : Non

Patricia : Comme tu peux être naïve toi

Marie : Pourquoi vous dites ça ?

Patricia : Tu vas arrêter de me dire vous pigée ?

Marie : D'accord…

Patricia : Appel moi Pat

Marie : Pat….

Patricia : Voilà tu vois quand tu veux

Marie : Tu es là pour quoi ?

Patricia : J'ai tiré sur mon mec

Marie : Il est mort ?

Patricia : Non le pauvre chéri a survécu

Marie : Pourquoi tu lui as tiré dessus ?

Patricia : Dis donc je t'en pose des questions ?

Elle ne répond pas et baisse la tête.

Patricia : Allez fais pas la tronche, je lui ai tiré dessus parce que je l'ai retrouvé au pieu avec ma meilleure amie

Marie : Ta meilleure amie…comme Louise

Patricia : C'est qui celle la ?

Marie : C'était justement ma meilleure amie, enfin je le croyais…et surtout la maîtresse de mon mari…

Patricia : Oh ben ma pauvre fille, tu n'as pas veine ça y'a pas à dire

Entre l'inspecteur.

L'inspecteur : Alors, que pensez-vous de ceci ?

Il lui montre la première page du journal.

Marie : Mais…

L'inspecteur : Tu te rends compte, tuer les membres de ta propre famille, et oui c'est la guillotine qui t'attend cette fois

Marie : Mais je suis innocente…Peloux s'est trompé….

L'inspecteur rit, il se tourne et part en fermant la porte.

Patricia : On ne peut pas dire qu'il soit commode celui-la, moi j'ai un bon moyen pour te faire sortir

Marie : Tu penses à quoi ?

Patricia : Une lettre

Marie : Une lettre ?

Patricia : Que t'adresseras à des potes à moi, ils te feront libérer

Marie : Mais qu'est-ce que j'écrirais… ?

Patricia : Que tu es coupable

Marie : Mais je suis innocente

Patricia : Tu veux vraiment croupir ici ?

Marie : Non….

Patricia : Alors écris, je te dicte si tu veux

Marie : Non…je m'en sortirai
Patricia : Tu fais le bon choix
Elle lui donne une feuille et un crayon.
Marie : « *Je suis coupable* »
Marie tend le crayon et la feuille à Patricia.
Patricia : Tu seras bientôt libre
Marie : J'espère
Patricia : Ais confiance en moi et en la justice
Marie : La justice…
La lumière s'éteint.
Patricia : Maintenant dors c'est l'heure du couvre-feu
Marie : Je vais essayer
Elle s'allonge, ferme les yeux et s'endort.

SCENE 3
La surveillante est debout à coté de la porte, elle tend le papier. Marie se réveille et la regarde.

La surveillante : Alors qu'est-ce que tu as à répondre à ça ?
Marie : Qu'est-ce que ?...
La surveillante : C'est toi qui as écrit ça ?
Marie ne répond pas.
La surveillante : Réponds
Marie : Oui
La surveillante : Tu ne devrais pas laisser traîner tes affaires comme ça, elles pourraient tomber entre de mauvaises mains
Marie : Qu'est-ce que vous allez en faire ?
La surveillante : La donner au juge
Marie : Mais c'est elle qui m'a forcé….
Elle désigne Patricia.
La surveillante : Patricia
Patricia : Oui quoi ?
Elle se réveille.
La surveillante : C'est toi qui l'as forcé à écrire ça ?
Patricia : Quoi ? Carrément pas

La surveillante : Rendors-toi

Elle se rallonge.

Marie : Mais c'est elle qui m'a….

La surveillante : Dors-toi aussi

Elle éteint la lumière et part en fermant la porte de la cellule.

Marie : Pourquoi tu as fait ça ?

Patricia : Oh ça va, détends-toi un peux, plus vite ils l'auront plus vite tu seras libre

Marie : Mais tes amis de Marseille….

Patricia : Et ben on va dire qu'ils ont été devancés

Marie : Tu te moques de moi ?

Patricia : Oh pauvre petite mère, tu t'es crue où ici dans ton église ?

Marie : Mon église ?

Patricia : Ton bon Dieu là

Elle désigne la croix sur le mur. Marie fait le signe de croix.

Patricia : Tu crois vraiment qu'il va t'aider

Marie : Oui j'ai toujours cru en notre Seigneur Jésus-Christ

Patricia : On peut dire que tu amènes de l'animation toi

Marie : Je fais tout ça pour sortir d'ici le plus vite possible

Patricia : Si tu sors un jour, et franchement ça m'étonnerai

Marie : Je ne vais pas rester ici indéfiniment

Patricia : Tu crois ça toi

Marie : Oui

Patricia : Tu as eu des améliorations depuis le début ?

Marie : Non…. Mais le professeur Peloux…

Patricia : Arrête de rêver

Marie : Je suis innocente

Patricia : Oh tais toi

Marie : Tu es ici pour combien de temps toi ?

Patricia : Dis donc de quoi je me mêle ?

Marie : Je voulais simplement être poli

Patricia : Pense un peux moins

Marie : Tu crois que c'est si facile ?

Patricia lui tend une cigarette.

Patricia : Tiens prend

Marie : Non merci, je ne fume pas

Patricia : Décidément, tu es une sainte nitouche toi, allez vas-y essaye ça ne va pas te tuer

Marie : Mais on à pas le droit de fumer à l'intérieur

Patricia : Tu commences à me gonfler avec tes règles, ici si tu veux survivre il faut que tu fasses partie des durs sinon tu es cuite pigée ?

Marie : Oui….

Patricia : Allez prend

Elle lui tend une cigarette.

Marie : Non merci….

Patricia : Bon t'arrêtes

Elle s'en saisit et fume la cigarette, elle tousse, Patricia rit.

Marie : Pourquoi tu ris ?

Patricia : Donnes moi ça

Elle aspire la fumée.

Patricia : Tiens essaye

Elle fume en aspirant la fumée.

Patricia : Tu vois quand tu veux

SCENE 4

Rue de Loudun, Gaspard un vendeur de journaux, appelle la population.

Gaspard : Achetez votre journal, suivez en détail le procès de l'empoisonneuse de Loudun !

Auguste : Donne en moi un petit

Gaspard : Un franc monsieur

Il lui donne un franc, le petit lui donne le journal.

Gaspard : Achetez votre journal messieurs dames, suivez en détail, l'affaire Marie Besnard l'empoisonneuse, un franc

Auguste ouvre le journal.

Auguste : Sorcière

La boulangère : De qui vous parlez Auguste ?

Auguste : De la Besnard pardi vous avez vu les journaux ?

La boulangère : Vous la croyez coupable ?

Auguste : Bien sûr qu'elle l'est

La boulangère : Tout de même douze personnes

Auguste : Vous avez l'air de douter Suzanne

La boulangère : Je dois avouer que oui

Auguste : Pourquoi ?

La boulangère : C'est qu'on la connaît si bien

Auguste : Elle a bien caché son jeu

La boulangère : Et si elle était accusée à tort le professeur Peloux s'est bien trompé

Auguste : Qu'est-ce qu'il vous prend Suzanne ?

La boulangère : Je dis que nous le payerons très cher si nous continuons

Auguste : Vous êtes de son côté ?

La boulangère : Je ne suis du côté de personne Auguste mais….

Auguste : J'aurais dû m'en douter

La boulangère : Vous douter de quoi ?

Auguste : Que vous défendriez cette sorcière

La boulangère : Auguste…

Auguste : Vous allez voir quand sa tête sera sur l'échafaud

La boulangère : Vous avez revu Adi ?

Auguste : Ça pour sûr non, il est reparti chez lui ce boche

La boulangère : Vous croyez qu'il reviendra ?

Auguste : Il n'a pas intérêt

La boulangère : Mais vous croyez vraiment qu'ils étaient amants ?

Auguste : Ça oui y'avait qu'à les regarder

La boulangère : Probablement

Auguste : Probablement ? Sûrement oui !

La boulangère : Je dois aller ouvrir la boutique excusez moi

Auguste : Tenez regardez voir

La boulangère : Quoi donc ?

Auguste : Elle va avoir un autre avocat, Jacqueline Herbert, une femme, décidément on aura tout vu.

La boulangère : Ça à l'air de vous déranger

Auguste : Une femme n'a rien à faire dans une cour de justice

La boulangère : Et pourquoi ?

Auguste : Car sa place est aux fourneaux, chacun son métier....

La boulangère : Et les vaches seront bien gardées oui je sais

Auguste : Tiens vous connaissez ce proverbe, une boulangère ?

La boulangère : Et oui monsieur j'ai même obtenu mon certificat d'étude, je peux même vous dire qu'elle à été écrite au XVIII e siècle

Auguste : Voyez-vous ça ?

La boulangère : J'en connais un autre si vous voulez bien l'entendre

Auguste : Lequel ?

La boulangère : Balayer devant sa porte

Auguste : Comment osez vous ?

La boulangère : Cessez donc de parler comme vous le faites continuellement sur les uns et sur les autres

Auguste : C'est une plaisanterie j'espère

La boulangère : Enfin Auguste, soyez un peu sérieux

Auguste : Je le suis madame !

La boulangère : Depuis des années vous racontez des histoires sur les gens, d'ailleurs vous savez comment elle vous appelle votre chère amie Louise ?

Auguste : Madame Pevard ?

La boulangère : Oui

Auguste : Et comment me surnomme t'elle ?

La boulangère : L'hurluberlu

Auguste : La garce !

La boulangère : Vous allez la dénoncer elle aussi ?

Il froisse le journal, la boulangère s'en va Auguste reste figé, arrive madame Pevard.

Louise : Bien le bonjour Auguste

Auguste : Vous trouvez que c'est un bon jour ?

Louise : Pourquoi me dites vous ça ?

Auguste : Je ne sais pas peut être bien que je ne suis qu'un hurluberlu qui passe son temps à raconter n'importe quoi

Louise : Où voulez vous en venir ?

Auguste : Je veux dire qu'une personne de votre connaissance m'a raconté ce que vous pensez de moi

Louise : Mais vous vous méprenez

Auguste : Tiens donc ? Vous n'avez pas raconté aux policiers qui ont enquêtés sur la mort de Léon et que j'étais un hurluberlu ?

Louise : Il s'agit là d'une fâcheuse méprise

Auguste : Si vous voulez un conseil, ne jouez pas à ce petit jeu avec moi

Louise : Vous avez perdu le sens commun

Auguste : C'est vous qui avez perdu le sens commun pauvre folle

Louise : Je vous demande pardon ?

Auguste : Parfaitement madame

Louise : Hurluberlu

Auguste : Pauvre femme

Louise : Ingrat

Auguste : Malade mentale

Louise : Pauvre individu

Auguste : Je ne vous croyais pas aussi stupide

Louise : Vous ne valez pas mieux que la Besnard

Auguste : Retirez tout de suite ce que vous venez de dire

Louise : Jamais

Auguste : Femme de mauvaise augure

Louise : Insolent

Auguste : Je vous interdis de remettre les pieds chez moi

Louise : Oh ça, n'ayez aucune crainte cela n'arrivera certainement pas

Auguste : Et bien je ne vous salue pas madame

Ils partent.

SCENE 5
A la prison, la porte de la cellule s'ouvre entre une jeune femme.

L'avocate : Bonjour Marie
Marie : vous êtes ?
L'avocate : Maître Herbert j'ai été chargé de vous défendre avec vos avocats
Elle lui sourit.
Marie : Je vous fais confiance
L'avocate : Allons appelez moi Jacqueline
Marie : Vous avez un très joli prénom
L'avocate : Le votre est bien beau aussi, comme la Sainte Vierge
Marie : Qui m'a aidé pendant ces années difficiles
L'avocate : Je suis certaine que vous serez acquittée
Marie : Savez-vous quand aura lieu mon prochain procès ?
L'avocate : On parle du moi de mars
Marie : Mais le combien ?
L'avocate : Le quinze ou le seize
Marie : Je ne vois pas la fin de cette lamentable affaire
L'avocate : L'essentiel est que vous vous refassiez une santé
Marie : Cela me parait compromis
L'avocate : Mais pourquoi dites vous cela ?
Marie : Car je suis accusée de tant d'horreurs
L'avocate : Ils vont bien se repentir
Marie : Vous croyez vraiment ?
L'avocate : J'en suis persuadée, à présent nous allons préparer le prochain procès
Marie : Vous voulez vous asseoir ?
L'avocate : Volontiers
Elle lui sourit, l'avocate regarde la cellule.
Marie : Evidement, on pourrait espérer mieux pour s'asseoir

Elles s'assoient.
L'avocate : Donc vous avez été inculpée le 21 juillet 1949 après avoir été accusée d'avoir empoisonnée votre mari
Marie : Je n'ai tué personne….
L'avocate : Cela est évident Marie, vous avez étés trahis par bien des gens dans votre village
Marie : Et dire que je les prenais pour des amis
L'avocate : J'ai reçu une lettre d'une certaine Suzanne
Marie : La boulangère ?
L'avocate : Oui elle vous transmet toute sa sympathie et son soutien
Marie : Au moins une….
L'avocate : Elle affirme également que vous êtes innocente de toutes les accusations que l'on porte sur vous, même les lettres anonymes
Marie : J'en ai reçu aussi
L'avocate : Soyez rassurez, les lettres ne font plus parties du chef d'accusation
Marie : Enfin une justice…
L'avocate : Vous voyez il vous reste des amis
Marie : Si peu…
L'avocate : Vous avez de la famille qui vous aime
Marie : Ça je ne sais pas….

SCENE 6
Marie arrive avec ses avocats. Elle s'assoit. Le juge arrive et s'installe à son tour.

Le juge : Madame Besnard au vu des dernières expertises, l'accusation ne retient plus contre vous que sept empoisonnements dont vos parents, votre beau père, deux de vos cousines, une de vos amies et votre époux Léon Besnard. Je vais donc procéder à votre interrogatoire mais vous pouvez rester assise, vos camarades de jeunesse vous disent comédienne et flatteuse Marie Besnard petite voix a peine audible.

Marie : C'est faux monsieur le Président

Le juge : « Vous êtes aussi réputée cruelle et avare envers les animaux

Marie : C'est inexact monsieur le président les animaux je les aime beaucoup

Le juge : On vous dit souvent médisante et mauvaise langue

Marie : C'est faux »

Le juge : Faites venir à la barre monsieur André Celard

Le psychiatre arrive à la barre.

Le juge : Jurez-vous de dire la vérité, toute la vérité ? Dites je le jure

André Celard : Je le jure

Le juge : Depuis l'ouverture de ce procès vous vous étés livré à une analyse de l'accusée

André Cellier : Parfaitement votre honneur

Le juge : Comment qualifierez vous son caractère ?

André Celard : Il nous a été très difficile de cerner le personnage de la prévenue, elle a répondu avec sang-froid et dignité à toutes les interrogations, mes confrères et moi-même l'avons perçu comme une femme anormalement normale

La foule hue.

Le juge : Silence, elle ne souffre donc d'aucune maladie mentale ?

André Celard: Aucune monsieur le Président je dois dire qu'elle a fait une préparation très précise de la mort de ses proches

Le juge : Merci docteur Celard, j'appelle à la barre madame Louise Pevard

Le docteur Celard quitte la barre, madame Pevard *arrive.*

Le juge : Jurez vous de dire la vérité, toute la vérité, rien que la vérité, levez la main droite et dites je le jure

Louise : Je le jure

Marie Besnard : Ma soit disant meilleur amie, une traîtresse et une menteuse

Le juge : Silence madame Besnard, monsieur l'avocat vous avez la parole

L'avocat : Merci votre honneur, madame Pevard, vous étiez je crois la locataire des Besnard

Madame Pevard : C'est exact

Marie : A deux milles francs par mois quand ce n'était pas à titre gratuit

L'avocat : Postière à Loudun femme sans histoire, et qui se fait miraculeusement cambrioler la nuit

Louise Pevard : Oui

L'avocat : Que vous a-t-on dérobé ?

Louise : Des cadeaux que j'avais reçus des Besnard

L'avocat : Et le reste ?

Louise : Le reste a été jeté

L'avocat : Jeté où madame Pevard ?

Louise : Elles ont été éparpillées dans la rue

L'avocat : Et qui avait fait le coup selon vous ?

Louise : Les événements ont changé

Le juge : Répondez à la question

Louise : J'étais persuadé que c'était Marie

L'avocat : Pour quelles raisons ?

Louise : Il s'est passé tellement de choses, la mort de Léon, l'incendie chez les Massard,

L'avocat : J'aimerais rappeler à la cour que ces malheureux incidents n'ont fait l'objet d'aucune preuve contre la prévenue

Louise : Et les lettres anonymes !

Marie : Mon Léon et moi-même en avons reçu monsieur le Président

L'avocat : Vous étiez par ailleurs la maîtresse de Léon Besnard

Louise : Non c'est faux !

Marie : Menteuse

Louise : Je n'ai jamais été l'amante de ton mari

La foule hue.

L'avocat : Madame Pevard pouvez vous répéter devant la cour les mots que Léon vous à dit avant de mourir ?

Louise ne répond pas.

L'avocat : Alors ?

Louise : Je…. Je ne peux pas….

L'avocat : Dois-je en déduire que vous revenez sur vos accusations et que vous doutez que Marie soit coupable ?

Louise : Oui….

La foule hue.

L'avocat : Je précise à la cour que madame Pevard ne cesse de se contredire depuis le début de ce procès

Louise : C'est inexact

L'avocat : En êtes-vous bien sûr ?

Louise : Parfaitement mais que veut dire ceci ?

L'avocat : Je veux dire que selon moi vous avez toujours douté sur sa culpabilité

Le juge : Allons laissons nos sentiments de coté

L'avocat : Veuillez m'excuser monsieur le Président, madame Pevard, pouvez vous nous parler des lettres anonymes que vous venez d'évoquer et que les habitants de Loudun ont reçu pendant des années ?

Louise : Bien sur, ils s'agissaient de lettres odieuses qui racontaient des choses ignobles sur les gens

L'avocat : Qui les envoyait ?

Louise : Au début nous pensions à Marie mais après….

L'avocat : Mais après ?

Louise : Je n'en suis plus certaine

Hument de la foule.

Le Juge : Silence, ou je fais évacuer la salle

L'avocat : Je n'ai plus de question monsieur le Président

La foule hue.

Le juge : Silence !

Le juge : Faites venir le témoin suivant

Auguste Massard arrive à la barre.

Le juge : Déclinez à la cour votre identité

Auguste : Auguste Massard mesdames et messieurs les jurés

La foule rit.

Le juge : Silence, monsieur Massard, vous êtes le propriétaire du château de Montpensier c'est bien ça ?

Massard : Parfaitement monsieur le Juge, le monument que cette vieille sorcière a brûlé

Il pointe du doigt Marie.

Le juge : Depuis quand connaissiez vous le couple Besnard ?

Massard: Depuis de très très très très longues années votre Majesté

La foule rit.

Le juge : Silence, je vous en prie soyez un peu sérieux

Massard: A vos ordres mon colonel

Le juge : Qui vous à appris le crime dont la prévenue est accusée ?

Massard : Mais c'est cette chère madame Pevard votre honneur

Le juge : Quand est t'elle venue vous parler ?

Massard : Quelques jours après les funérailles de ce pauvre monsieur Besnard

Le juge : Vous n'aviez donc aucun doute sur sa culpabilité ?

Massard : Je n'en avais effectivement aucun jusqu'au jour béni où notre Seigneur Jésus-Christ disait à ses disciples

La foule rit.

Le juge : Silence, nous n'allons pas y passer la nuit

Massard: C'est exactement ce qu'il se passe depuis des années

Le juge : Plaît-il ?

Massard : Depuis le début de cette affaire, ou devrais je dire cette mascarade

La foule hue et rit.

Le juge : Comment osez vous ?

Massard : Vous êtes les principaux acteurs de cette cavalcade, six ans que cette bouffonnerie a commencé, ah je ne comprends pas que madame Besnard ne se soit pas déjà suicidée, j'admire sa patience, car si elle s'était suicidée eh bien les hommes de loi n'avaient qu'à en faire autant !

Le juge : Maintenant ça suffit, sortez d'ici vous reviendrez quand vous serez calmé

L'avocat : Monsieur le Président je vous en prie écoutons son témoignage

Le juge : Non qu'il parte, faites-le sortir

Les gendarmes le font sortir de la salle, la foule rit.

Le juge : Silence ! Faites venir le professeur Pecard

Le professeur arrive à la barre.

Le Juge : Lors de vos expertises, qu'avez-vous trouvé dans les corps ?

Le professeur : J'ai trouvé de l'arsenic

Le juge : Sur la majorité des cadavres ?

Le professeur : Oui monsieur le Président, cependant je dois avouer qu'il etait particulièrement difficile d'effectuer ces prélèvements vu leurs états de putréfaction.

Le juge : Pouvez-vous expliquer vos dires ?

Le professeur : Naturellement, figurez vous qu'il a été découvert que les corps des défunts n'ont pas ingurgité de l'arsenic de leur vivant

Le juge : Cela veut dire que…

Le professeur : Que l'arsenic à très bien pu rentrer dans la terre après l'enterrement des victimes de plus, j'ai constaté que les eaux arrivent à dissoudre de l'arsenic lorsqu'elles coulent sur les corps inhumés prenant à la terre l'arsenic qu'elle contient, c'est ainsi que l'arsenic exogène a pu imprégner le corps de Léon Besnard.

Marie : Mon dieu

Le juge : Mais par quelle procède l'arsenic est t'il arrivé sur les corps ?

Le professeur : Il semblerait que le jardinier du cimetière de Loudun traite ses plantes avec un antiseptique à base d'arsenic

Le juge : Il semblerait ?

Le professeur : Je dirais c'est tout à fait sur

Le juge : Alors si l'on en croit vos résultats, il ne resterait aucune preuve à l'accusation
Le professeur : Absolument monsieur
La foule acclame et applaudit.
Le juge : Silence
Marie Besnard fit un signe de croix.
Le juge : Suite aux nouveaux événements je remets l'accusée Marie Besnard né Davaillaud en liberté provisoire moyennant une caution d'un million deux cent mille francs.
Il tape avec son marteau.
Marie : Mais comment je pourrais me procurer une telle somme ?
Le juge : Il me semble qu'avec tous vos héritages vous avez largement l'argent nécessaire
Elle regarde son avocate.
Marie : Jacqueline….
L'avocate : Tout ira bien Marie
Les gendarmes la ramènent en prison.

SCENE 7
Dans sa cellule, elle s'entretient avec son avocate.

L'avocate : Marie quelle joie pour vous
Marie : On me demande tellement d'argent que je n'arriverai jamais tous payer
Elle sort une lettre qu'elle tend à Marie.
Marie : Qu'est-ce que c'est ?
L'avocate : Ouvrez-la
Marie ouvre la lettre et lit
Marie : Mon dieu….
L'avocate : Ça n'a pas l'air de vous faire plaisir
Marie : Si mais je n'aurais jamais imaginé que ….
L'avocate : Qu'il se propose de payer la caution ?
Marie : Oui….

L'avocate : Des membres de votre famille ont également proposé de vous venir en aide
Marie : Qui donc ?
L'avocate : Vos cousins
Marie : Je l'aurais encore moins imaginé…
L'avocate : Pourquoi dites vous ça ?
Marie : Car mes rapports avec eux n'ont jamais été fameux
L'avocate : Cela ne leur empêche vraisemblablement pas de vous aimer et de vous aider
Marie : Quand pourrai je sortir ?
L'avocate : Demain
Marie : Alors je retourne chez moi ?
L'avocate acquiesce de la tête.
L'avocate : Vous avez sûrement des amis qui vont soutiennent
Marie : Peut être un ou deux, le reste je ferai comme si je ne les connaissais pas.
L'avocate : Vous croyez que vous arriverez à les affronter ?
Marie : Je suis innocente vous le savez bien
L'avocate : Naturellement Marie
Entre l'avocat un journal à la main.
L'avocat : Bonjour mesdames, regardez ce que raconte le journal
Il le pose sur la table. Marie se précipite, s'en saisie et lit.
Marie : « APRÈS AVOIR PAR DEUX FOIS ESSAYÉ DE RECUEILLIR L'EXTRAVAGANTE DÉPOSITION DE M. AUGUSTE MASSARD TEMOIN IMPORTANT DE L'ACCUSATION LA COUR, EXASPEREE, RENONCE A SON AUDITION. BORDEAUX, 23 MARS ». Considérant que la déposition de M. Auguste Massard n'est pas nécessaire à la manifestation de la vérité, la cour dit qu'il sera passé outre aux débats. "Ainsi s'est achevée hier lundi la septième audience du procès de Marie Besnard, après un véritable numéro de cirque qui a déchaîné le fou rire d'une salle bondée, et achevé de faire sombrer dans le ridicule ce procès déjà si fragile. Mais il n'aura pas été inutile que les jurés aient pu se

rendre compte de la personnalité d'un des principaux accusateurs de Marie Besnard, celui-là même qui le premier, dés 1947, se mit en tête d'alerter le parquet pour lui raconter les confidences de Mme Pevard. On a vu à la barre un extraordinaire personnage, verbeux, intarissable, se prenant pour un justicier, pour le fin limier de l'affaire, singeant les intonations de tous les personnages qu'il faisait dialoguer dans son récit. Glapissant d'une voix de fausset, avec un indéfinissable accent méridional, M. Auguste Massard a donné l'impression d'incarner Piédalu témoin (le bon sens en moins) s'exprimant dans le langage de Bouvard et Pécuchet. Jamais le ridicule n'atteignit aussi loin dans une enceinte de justice. Le Président de Pourquery de Boisserin s'en est bien rendu compte. Il avait déjà essayé une première fois d'interroger cet extraordinaire personnage et avait été obligé de le renvoyer dans la salle des témoins, espérant qu'il s'y calmerait. Illusion : M. Auguste Massard n'est pas de ceux qui se calment C'est un homme plein de son sujet, qui a beaucoup à dire, qui veut le dire depuis longtemps et pour qui cette journée était la plus belle de sa vie. On l'a cependant renvoyé dans ses foyers, et avec raison. La justice se doit d'être sérieuse. Mais ce qui est grave et inquiétant c'est qu'il ait fallu attendre six ans pour qu'un magistrat découvrît enfin ce qu'était M. Massard. Le juge d'instruction n'y avait pas pris garde. Il avait consigné pieusement tout ce que lui disait ce témoin. Il en avait fait la base de son instruction. Aujourd'hui l'erreur est enfin réparée ». Pauvre Massard

L'avocate : Vous le plaignez ?

Marie : Le pauvre homme ne perd pas une occasion de se rendre ridicule

Elles rient.

L'avocat : C'est un témoignage qui restera dans l'histoire croyez moi

Marie : Tout comme ce procès

L'avocate : En attendant si ce monsieur voulait de la célébrité il va être servi
Elles rient.

SCENE 8
Maison de Marie.

La boulangère : Bienvenue chez vous Marie
La boulangère ouvre la porte, Marie entre.
Marie : Merci….
Elle regarde la maison de haut en bas.
La boulangère : Cela à besoin d'un bon nettoyage mais je suis certaine que vous y vivrez comme au premier jour
Marie : Sans mon pauvre Léon, ni ma chère maman….
La boulangère : Ils savent depuis le début que vous êtes innocente
Marie : Et vous ?
La boulangère : Mais bien sur
Elle lui sourit.
La boulangère : Si vous avez besoin de quoique ce soit, surtout n'hésitez pas
Marie : C'est gentil
La boulangère : Je suis sincère
Un photographe arrive derrière la fenêtre, la boulangère va fermer le rideau.
La boulangère : Ça suffit allez vous en
Marie : Je vous aurais bien proposé quelque chose mais….
La boulangère : Ne vous dérangez pas avec cela Marie, le plus important maintenant c'est de vous reconstruire
Un journaliste arrive dans le salon de Marie.
Le journaliste : Radio Saumande pouvons nous interroger madame Besnard ?
La boulangère : Non elle ne fait pas d'entretien, sortez
Marie : Suzanne, laissez-le entrer
La boulangère le laisse entrer.

Marie: Bonjour monsieur

Le journaliste : Est-ce que vous accepteriez de répondre à quelques questions ?

Marie : Avec plaisir monsieur

Le journaliste : « Je voudrais dans un premier temps savoir dans quel circonstances avez-vous appris les accusations qui portaient sur vous

Marie : Monsieur je l'ai appris par une amie, j'étais bouleversée je ne comprenais pas

Le journaliste : Elle vous a dit quoi cette amie ? C'était en 1949

Marie : C'était en 1949, Monsieur elle m'a dit qu'elle avait entendu dire qu'une lettre était arrivée au parquet, venant d'une personne que tout le monde connaît et là-dessus je suis aller voir Maitre Testard, Monsieur le juge d'instruction d'ici et mon docteur, docteur Galiot qui m'ont déconseillé de poursuivre

Le journaliste : Est-ce que vous vous attendiez à ce que des accusations de cet ordre soient portées contre vous ?

Marie : Pas du tout monsieur

Le journaliste : Vos rapports avec la population de Loudun vous ont elle fait penser que de telles accusations soient possibles ?

Marie : Impossible monsieur

Le journaliste : Donc votre réaction sur ces choses-là a été l'étonnement ?

Marie : Très étonnée, bouleversée par cette chose-là comme je vous l'ai dis je ne comprenais pas

Le journaliste : De quoi est-ce l'ont vous accusait exactement ?

Marie : Pour l'instant je ne le savais pas je n'avais pas pris connaissance de la note monsieur

Le journaliste : Par la suite vous l'avez su

Marie : Je l'ai su lorsque l'inspecteur s'est présenté chez moi

Le journaliste : On vous a à ce moment là attribué un nombre incalculable de crimes

Marie : Pas du tout monsieur, mon mari

Le journaliste : Votre mari mort deux ans auparavant

Marie : Exactement monsieur

Le journaliste : C'est après coup qu'on vous a accusé d'autres crimes

Marie : Après mon arrestation monsieur

Le journaliste : Apres votre arrestation

Marie : Oui

Le journaliste : Quels crimes exactement ?

Marie : Et bien mes deux parents, ma belle sœur qui s'était suicidée, des amis monsieur et madame Rivet, une tante qu'il y avait fort longtemps que je n'avais pas vu

Le journaliste : Donc vous pensiez de suite en rentrant en prison de votre innocence ?

Marie : Monsieur, je ne pouvais pas penser un seul instant que je serais resté cinq années c'était impossible, je pensais que mon innocence serait attraite dans les jours qui allaient suivre

Le journaliste : Et aujourd'hui ?

Marie : Aujourd'hui j'attends, j'attends toujours »

Le journaliste : Merci madame Besnard

Marie : Je vous en prie monsieur

Le journaliste : Et bien au revoir mesdames

Ils sortent et s'en vont.

La boulangère : Vous êtes devenue une vraie vedette maintenant

Marie : Y'a vraiment pas de quoi….

La boulangère : Ça y'en a plus d'un qui ont retourné leurs vestes

Marie : S'ils m'appréciaient vraiment ils auraient vu tout de suite que j'étais innocente

La boulangère : La justice s'en chargera

Elle lui sourit.

Marie : La justice et notre Seigneur

Elle se lève et prend le balai couvert de poussière.
La boulangère : Je vais vous apporter du pain pour ce soir
Marie : Merci Suzanne, attendez
Elle sort de son sac un porte-monnaie.
La boulangère : Rangez ça Marie
Marie : Pourquoi ?
La boulangère : Je vais payer
Marie Besnard pleure, la boulangère la prend dans ses bras.
La boulangère : Ça va aller ?
Marie : Oui il faut que je sois forte
Elles se sourient mutuellement, le curé du village tape à la porte, Marie va ouvrir.
Le curé : Bonjour Marie
Marie : Monsieur le curé
Le curé : Je peux entrer ?
Marie : Oui…
Il entre.
Le curé : Bonjour Suzanne
La boulangère : Bien le bonjour monsieur le curé
Marie : Asseyez vous je vous en prie
Il s'assoit.
Le curé : Je suis venu pour vous souhaiter la bienvenue à Loudun et vous apporter mon aide
Marie : Votre aide ?
Elle s'assoit.
Le curé : Pour pardonner à ceux qui vous ont offensé
Marie : Je leur ai pardonné monsieur le curé, comme notre père nous l'a appris
Le curé : Je vous reconnais bien là Marie
Marie : Merci monsieur le curé, désireriez vous dîner ici ce soir ?
Le curé : Oh je ne voudrais pas vous déranger vous savez
Marie : Ça sera avec grand plaisir
Le curé : Alors c'est d'accord, je ne peux refuser
Marie : Comment ce porte votre église ?

Le curé : Très bien je vous remercie, j'ai baptisé avant hier le petit Lebrun

Marie : Le fils de Bertrand ?

Le curé : Oui il ressemble à son père à son âge

Marie : Je ne savais pas que Bertrand avait un fils, qui est la mère ?

Le curé : Jacqueline Du blanc

Marie : Mon Dieu, comme les enfants grandissent vite ….

Le curé : En effet, il me semble que c'était hier que j'ai baptisé sa mère

Marie : C'était le bon temps

Le curé : Et vous comment vous portez vous donc ?

Marie : Oh moi monsieur, je tiens bon, j'allais m'occuper de nettoyer ma maison et de reprendre ma vie comme elle était lorsque cette histoire a commencé

Le curé : Vous êtes bien courageuse

Marie : C'est grâce au soutien que je reçois de notre Seigneur et de ma chère maman, ma petite maman que j'adorais

Le curé : Nous pouvons si vous voulez prier pour leur salut

Marie : C'est très touchant mon père

Elle joint ses mains, fit le signe de croix.

Le curé : Dieu, Toi qui es notre créateur et notre père,

Nous voici réunis auprès de toi

Et auprès de Marie-Louise et Pierre Eugene Davaillaud qui nous ont quittés

En cette heure de peine

Nos cœurs se tournent vers toi

Tu peux nous donner le réconfort de l'espérance

Alors que la séparation nous semble définitive

Car pour ceux qui croient en ton amour de père

Le mort ne peut être la fin définitive de notre vie

Ouvre nos cœurs à ta parole d'amour et de vie

Que ton Esprit parle à notre esprit

Que nous trouvions en ta parole

Une lumière dans cette heure de tristesse

Une certitude dans nos moments de doute
Un réconfort dans notre douleur
Et une fore dans notre faiblesse
Dieu Père nous te prions avec confiance
Par Jésus ton bien aimé
Notre Frère et Notre Seigneur
Lui qui vit avec toi dans la communion de l'Esprit
Pour des siècles des siècles. Amen
Marie pleure.
Le curé : Le bon Dieu n'abandonne jamais ses enfants
La boulangère fit le signe de croix, elle va remplir une carafe d'eau, prend trois verres et s'assoit en face du curé.
Marie : Merci Suzanne
La boulangère : Ça vous fera le plus grand bien
Marie sert les verres, tous les trois lèvent leurs verres.
Suzanne : Au fait je ne vous l'avais pas dit, Auguste est mort
Marie : Il est mort quand ?
La boulangère : Pendant son sommeil la nuit dernière
Marie : L'enterrement à lieu quand ?
La boulangère : Dans trois jours
Marie : Je me rendrais aux funérailles
La boulangère : Vous êtes sur ?
Marie : Oui nous devons respecter les personnes disparues
La boulangère : Vous êtes bien placée pour le savoir
Marie : À quelle heure aura lieu la cérémonie ?
Le curé : A 14h
Marie : Monsieur le curé auriez vous une bougie ?
Le curé : Je peux allez vous en chercher à l'église si vous voulez
Marie : Je vous remercie
Il se lève.
Le curé : Veuillez m'excuser mesdames je reviens
La boulangère : Je vous en prie
Il s'en va.
La boulangère : Pourquoi donc avoir demandé une bougie ?

Marie : Pour allumer un cierge pour Massard

La boulangère : Pour Massard ?

Marie : Pour que Dieu ait pitié de son âme

La boulangère : Vous êtes si bonne Marie

Marie : Beaucoup trop

La boulangère : Voulez vous que j'aille vous chercher quelques affaires bien nécessaires en attendant que vous soyez bien installée ?

Marie : Je vous remercie ma bonne Suzanne

La boulangère : Je vais vous ramener des assiettes, des couverts et une petite lanterne qui appartenait à la mère de mon mari

Marie : Vous serait-il possible de me rapporter du savon aussi ?

La boulangère : Naturellement

On tape à la porte. Marie se lève.

La boulangère : Restez tranquille Marie

Suzanne se lève, Marie se rassoit, elle ouvre la porte.

La boulangère : Entrez mon père, vous avez fait vite.

Le curé entre, Suzanne ferme la porte.

Le curé : Je vous ai apporté deux bougies

Marie : Grand merci monsieur le curé

Elle prend la bougie, le curé s'assoit, elle se lève et va mettre la bougie dans un petit vase, elle prend un paquet d'allumette et l'allume. Suzanne et Marie s'assoient.

Marie : Mon père j'ai allumé cette bougie pour l'âme d'Auguste Massard

Le curé : Le ciel vous le rendra Marie

Ils prient.

Le curé : Notre père

Qui étés aux cieux

Que votre Nom soit sanctifié

Que votre règne vienne

Que Votre volonté

Soit faites sur la terre comme au ciel

Donnez-nous aujourd'hui notre pain de ce jour
Pardonnez-nous nous offense
Comme nous pardonnons
A ceux qui nous ont offensés
Mais ne nous soumets pas à la tentation
Mais délivrez-nous du mal
Amen.
La boulangère : Amen
Marie : Amen
Le curé : Cœur sacré de Jésus,
La boulangère et Marie : J'ai confiance en vous
Le curé : Cœur sacré de Jésus
La boulangère et Marie : J'ai confiance en vous
Le curé : Cœur sacré de Jésus
La boulangère et Marie : J'ai confiance en vous
Le curé : Agneau de Dieu qui enlève le péché du monde
La boulangère et Marie : Prend pitié de nous
Le curé : Agneau de Dieu qui enlève le péché du monde
La boulangère et Marie : Reçois notre prière
Le curé : Au nom du père et du christ et du saint esprit
La boulangère et Marie : Amen
La boulangère : Marie, je vais chercher les affaires dont je vous ai parlé tout à l'heure
Marie : Entendu Suzanne
Suzanne se lève et part.
Marie : Mon père vous reprendrez bien un peu de café
Le curé : Non merci Marie je dois prendre congé, j'ai la petite Honorine à baptiser
Marie : Je vous attends à 19h l'abbé
Le curé : Avec plaisir Marie je vous salue bien
Le curé se lève salut Marie et part, Marie met de l'ordre. Le téléphone sonne, elle décroche le combiné.
Marie : Allô
La voix : Tu n'as rien à faire ici repars d'où tu viens
Marie : Qui êtes vous monsieur ?

La voix : Dégage

La voix raccroche, elle pose le téléphone entre la boulangère.

La boulangère : Voila ce que je vous ai promis

Marie : Merci

La boulangère : Je me suis permis d'acheter des fleurs pour décorer l'intérieur

Marie : Vous êtes une sainte femme

La boulangère : C'est naturel Marie

Marie : Vous mangerez bien avec nous l'abbé vient pour dix neuf heures

La boulangère : Bien sur Marie

Marie : J'ai pensé cuire un bon rôti avec des pommes de terre et des haricots

La boulangère : Excellente idée

Marie : Il faut que j'aille au marché vous venez avec moi ?

La boulangère : Allons-y

Marie : Je vais prendre mon manteau

La boulangère : Je vous attends prenez votre temps

Marie : Voila je suis prête

La boulangère : Vous êtes radieuse

Elles sortent et ferment la porte.

SCENE 9

Cuisine, Marie et Suzanne posent les commissions sur la table et les rangent.

Marie : Vous les avez entendus ?

La boulangère : Qui donc ?

Marie : Les autres au marché

La boulangère : Ne les écoutez pas

Marie : Pour la justice je suis peut-être innocente mais pas pour les villageois

La boulangère : Je me demande s'ils changeront un jour

Marie : Oh ça non

La boulangère : Vous n'allez toute de même pas quitter Loudun ?

Marie : Non ils seraient trop contents

La boulangère : Un jour ou l'autre les mensonges tomberont d'eux-mêmes

Marie : Je l'espère

La boulangère : Vous verrez tous ceci ne sera bientôt qu'un mauvais souvenir

Marie : Que le ciel vous entende

La boulangère : En attendant nous allons préparer un délicieux festin pour monsieur le curé

Elles rient.

La boulangère : Que diriez-vous de mettre un peu de musique ?

Marie : Avec plaisir, il y'a des quarante-cinq tours dans le buffet

La boulangère va ouvrir le placard.

La boulangère : Marie….

Marie : Oui ?

La boulangère : Le placard est vide…

Marie : Mais….

La boulangère : Vous êtes sur qu'il y avait des choses dedans ?...

Marie : Il contenait de la vaisselle, des disques, des torchons….

Elle pleure.

Marie : Mais qu'est-ce que j'ai fait pour mériter ça ? …

Elle la prend dans ses bras.

La boulangère : Allons allons, ne vous mettez pas dans un état pareil, ils n'en valent pas la peine, je vais allez vous cherchez des assiettes chez moi ainsi que des disques.

Marie : Qu'est-ce que je ne ferais pas sans vous ? …..

La boulangère : Vous aimez les valses ?

Marie : Oui pourquoi ?

La boulangère : J'ai des disques qui appartenaient à mon mari

Marie : Vous ne voulez pas les garder ?

La boulangère : Je dois dire que les valses de Vienne ne sont pas ma tasse de thé

Marie : Les valses de Vienne…. Léon les aimait tant….

La boulangère : Je l'ignorais

Marie : Je me rapelerai toujours de notre voyage en Autriche il y a plusieurs années….

La boulangère : Cela devait être un voyage merveilleux

Marie : Oui nous avons ramené la copie d'un vase qui appartenait à l'archiduchesse Sofia, la belle mère de l'impératrice Sissi

La boulangère : Je peux le voir ?

Marie : Oui je suppose qu'il doit être….

La boulangère se baisse et ramasse des bouts de vases.

La boulangère : C'est lui ?...

Marie : Oui….

Marie prend un balai et balaye en silence.

La boulangère : Je… je me charge de préparer le dîner

Marie tombe sur un cadre brisé par terre. Elle le ramasse.

Marie : Regardez Suzanne, notre photo de mariage….

La boulangère : Comme vous étiez beau tous les deux

Marie : Avez-vous eu des nouvelles d'Adi ?

La boulangère : Non….

Marie : Je ne suis pas prête de le revoir un jour

La boulangère : Il attend sûrement que cette histoire se termine

Marie : Je ne sais pas….

La boulangère : Vous ne l'avez pas revu depuis quand ?

Marie : Depuis que l'inspecteur nous a convoqué dans son bureau

La boulangère : Puisque l'on parle de l'inspecteur, sachez qu'on risque de le révoquer

Marie : C'est la meilleure chose qui puisse lui arriver

La boulangère : Je le pense aussi

Marie : C'est à cause de lui que j'en suis là

La boulangère : Fort heureusement il y a une justice

Marie : Oui si on veut….
La boulangère : Allez soyez forte
Marie : Je suis forte pour la vérité
La boulangère : Elle éclatera au grand jour vous verrez
Marie : Vous êtes si bonne avec moi.
La boulangère lui touche l'épaule.

SCENE 10
Cuisine de Marie.

Marie : Bonsoir l'abbé
Le curé : Bonsoir Marie, quelle bonne odeur
La boulangère : Nous vous avons préparé un bon rôti avec des pommes de terre et des haricots verts.
Le curé : C'est justement ce que je préfère, accompagné d'un bon vin de chez nous
Il sort une bouteille de vin de son manteau et la tend à Marie.
Marie : Mon père….
Le curé : Du bordeaux provenant de la cave du ministère de notre Sainte mère l'église.
Marie : Je ne sais quoi dire
Le curé : Je suis bien assez remercié par votre invitation
Elles sourient.
Marie : Permettez-moi de vous débarrasser de votre manteau
Le curé : Ç'est pas de refus
Marie enlève son manteau et va le poser sur le porte-manteau.
Marie : Asseyez vous mon père je vous en prie
Ils s'assoient.
Le curé : Quelle belle table Marie et si joliment dressée
Marie : J'aurais aimé vous recevoir dans de meilleures conditions….
Le curé : Tout est parfait
La boulangère : Alors si nous goûtions ce vin délicieux
Elle ouvre la bouteille et sert trois les trois verres. Marie lève son verre.

Marie : A la vérité
Tous ensemble : A la vérité.
Marie : Vous désirez une petite ou une moyenne ?
Le curé : Une grande voyons
Ils rient.
La boulangère : Une petite pour moi s'il vous plait
Marie : Avec des haricots ou des pommes de terres ?
La boulangère : Des haricots s'il vous plait
Elle sert la boulangère, elle se sert et s'assoit.
Le curé : Seigneur
Marie : Permettez-moi de dire les grâces
Le curé : Je vous en prie
Marie : Seigneur, bénissez ce repas, et ceux qui l'ont préparé, priez pour ceux qui n'en ont pas. Amen.
Le curé : Amen
La boulangère : Amen
Marie : Et bien bon appétit
Le curé : A vous aussi, un délice, toutes mes félicitations Marie
Marie : Je n'ai aucun mérite mon père, Suzanne a tout préparé
La boulangère : Ce n'est rien….
Le curé : Mais si mais si
Il mange.
Le curé : Nous devons remercier notre Seigneur pour ces mets délicieux
Marie boit.
Marie : Ce vin est succulent mon père
La boulangère : Je suis de cet avis il est divin

SCENE 11
Cellule de Marie Besnard. Entre l'avocate.

L'avocate : Bonjour Marie
Marie : Bonjour
L'avocate : Vous vous sentez prêtes ?

Marie : Oui il le faut

L'avocate : J'admire votre manière de faire fasse à l'adversité

Marie : C'est le bon Dieu qui me donne la force depuis toutes ces années

L'avocate : Je sais Marie

Marie finit de s'arranger le visage.

Marie : Comment me trouvez-vous ?

L'avocate : Vous n'avez jamais été aussi radieuse

Marie : Vous le pensez vraiment ?

L'avocate : Naturellement

Entrent les deux autres avocats.

L'avocat : Il est temps d'y aller Marie

Ils sortent.

SCENE 12

Bordeaux, 20 novembre 1961. Troisième et dernier procès. Marie entre dans la salle d'audience.

La foule : Courage Marie, courage Marie, tu va être acquittée, on t'aime Marie !

La foule, les photographes, les journalistes, les juges, les experts, les contres experts, les avocats, entrent dans la salle. Ils s'assoient.

Le juge : « Silence ! Silence dans la salle, suite aux derniers résultats d'analyse des experts, je suis obligé de constater qu'après plus de dix ans de procédure nous sommes toujours tributaires d'erreurs de dactylographie, c'est regrettable pour la cour, pour le ministère public, pour la défense, pour l'accusée, sauf peut être pour la presse qui a plus de matière à se mettre sous la dent. Ecoutons néanmoins le dernier expert de cette affaire, le professeur Firmin.

Arrive à la barre le professeur.

Le juge : Professeur, vous avez été, comme de nombreux experts et contres experts amenés à analyser des fractions de corps au cimetières de Loudun

Professeur Firmin : Oui votre honneur

Le juge : Quelles conclusions pouvez-vous apporter a la cour ?

Professeur Firmin : Je me dois de préciser au tribunal que l'intégralité des cadavres au cimetière ont été enterrés dans une véritable réserve d'arsenic

Le juge : Pouvons-nous en déduire que l'arsenic est soluble dans l'eau ?

Professeur Firmin : Absolument monsieur le Président

L'avocat : « Messieurs les experts il est clair que vous ne connaissez pas tous les facteurs, vous ne pouvez rien déterminer rien comparer l'honneur de la science est de connaître ses limites et ses faiblesses, or parfois certains de vos conseillers font de la science-fiction. Depuis 1953 on constate des différences notables et inquiétantes dans les divers rapports au sujet des pourcentages d'arsenic dans les mêmes cadavres. Tout le procès repose sur un mensonge et des erreurs, le mensonge par le professeur Peloux, les erreurs c'est celle que nous avons mise en évidence après sept ans de travail »

Le juge : La cour apprécie, faites venir à la barre Alfonse Barau

Le professeur Firmin part, Alfonse Barau arrive.

Le juge : Monsieur Barau, lors du procès de 1954 vous avez déclaré avoir bu une soupe avec Léon Besnard, un potage que vous avait servie l'accusée

Alfonse Barau : C'est que je ne me souviens plus trop de ce qu'il y avait dans les assiettes

Le juge : Je vous demande pardon ?

Alfonse Barau : Y'a quatorze ans de cela monsieur le juge

Le juge : Vous revenez donc sur votre déclaration ?

Alphonse Barau : Je crois bien

Le juge soupire.

Le juge : Vous pouvez vous retirer, j'appelle à la barre le docteur Galiot

Alphonse Barau quitte la barre, le docteur arrive.

Le juge : Docteur Galiot, vous avez soigné, l'ensemble des victimes
Le docteur : Oui monsieur le Président
Le juge : De quelles maladies souffraient t'elles ?
Le docteur : Lors de mes visites j'ai diagnostiqué une crise de foie, de l'urémie, des grippes mais jamais de cas d'empoisonnement
Le juge : Vous en êtes certain ?
Le docteur : Oui votre honneur
Le juge : Nous pouvons donc vraisemblablement en rapport aux dires du professeur Pécard lors du procès de 1954, confirmer qu'il n'y aurait aucune conclusion à tirer sur les examens médicaux et qu'il n'y aurait aucun signe d'empoisonnement à l'arsenic.
Le docteur : C'est exact
Le juge : Bien merci, je convoque mesdames et messieurs les jurés pour délibérer.
Il tape sur le tas. La juridiction se lève.
L'avocate : Venez Marie
Marie se lève.
Marie : Vous croyez qu'ils vont être longs ?
L'avocat : Approximativement une heure et demie je suppose
L'avocate : Venez prendre l'air et vous rafraîchir
Marie : Non je n'ai pas soif merci, je préférerai attendre ici
L'avocat : Allons il fait si beau dehors
Elle se lève.
Marie : Très bien alors juste cinq minutes
Une heure et demie après.
Le juge : Accusée levez-vous !
Marie se lève sous les flashs des photographes.
Le président : Apres délibération et en réponse à la question, Marie Davaillaud veuve Besnard, à-t-elle volontairement attenté à la vie des morts dont elle est accusée par l'effet d'une substance qui pourrait donner la mort ou moins promptement ?

La réponse unanime est non, madame Besnard vous êtes acquittée !

Elle fit un signe de croix, son chapelet à la main, la foule acclame et applaudit, elle se lève en souriant un journaliste s'avance vers elle.

Le journaliste : Madame Besnard un mot sur cette affaire ?

Marie : Tout ce que j'ai à dire c'est que j'ai toujours su que j'étais innocente monsieur

Le journaliste : « Madame Besnard comment vous sentez vous ?

Marie : Très fatiguée, épuisée par ces longues audiences

Le journaliste : Qu'avez-vous pensé pendant la délibération ?

Marie : Je ne pouvais pas penser un seul instant à une condamnation, puisque je n'avais rien fait

Le journaliste : Vous avez toujours eu confiance ?

Marie : Toujours

Un photographe : Une photo pour le magazine

Elle acquiesce, flash du photographe.

Un autre journaliste : Madame Besnard, une question sur votre ressenti

Marie : Je vous écoute monsieur

Un Journaliste : Comment qualifierez vous cette affaire ?

Marie : Je la qualifierais comme une affaire extraordinaire »

Un autre journaliste : Madame Besnard, comptez vous vous remarier ?

L'avocate : Ça suffit messieurs

Un journaliste : Qu'allez vous faire maintenant ?

Marie : Je rentre chez moi

Un journaliste : A Loudun ?

Marie : Oui

Un journaliste : Merci madame Besnard

La boulangère arrive.

La boulangère : Toutes mes félicitations

Marie : Merci Suzanne

Elles se font la bise.

L'avocat : Que diriez-vous d'aller fêter ça dans le meilleur restaurant de la ville ?

L'avocate : Je crois que ce dont Marie à besoin c'est avant tout de repos et de tranquillité

Le chanteur Charles arrive sous les flashs des photographes.

Charles : Bravo Marie

Marie sourit.

Marie : Je vous remercie monsieur

Il lui tend le bras, Marie s'en saisit.

Charles : M'accompagnez vous ?

Marie : Avec plaisir

Charles, lui tend le bras.

Un photographe : Charles, madame Besnard, une photo

Flash du photographe.

Marie : Monsieur, je voulais vous remercier

Charles : A propos de quoi ?

Marie : Au sujet de votre proposition de payer la caution pour ma libération

Charles : C'est tout naturel

Marie : Je vous prie cependant de bien vouloir m'excuser mais comme vous le savez je n'ai pas pu accepter

Charles : A quels propos ?

Marie : Voyez vous, je vous admire tellement que je ne pouvais pas penser une seconde accepter votre proposition

Charles : Sachez chère madame que je ne vous en veux pas, par ailleurs, je suis vraiment heureux de votre acquittement

Marie : Vous êtes fort aimable monsieur

Charles : Je vous en prie appelez moi Charles

Marie : Je…

Charles : Vous ?

Marie : Je n'oserai jamais

Charles : Essayez

Marie : D'accord Charles

Ils se serrent la main.

Un homme de la cour arrive avec trois verres de champagne.

L'homme de la cour : Trinquons Marie
Vient un jeune Homme.
Le Jeune homme : Madame Besnard, je suis votre affaire
depuis le début, j'ai toujours cru en votre innocence, je
pourrais avoir un autographe s'il vous plait ?
Marie : Avec plaisir jeune homme
Il lui tend un crayon et un feuillet, elle écrit.

> *« Avec toute ma sympathie,*
> *Marie ».*

Elle lui rend le crayon et le feuillet.
Le jeune homme : Oh merci madame Besnard
Marie : Avec plaisir
Un journalise arrive. Il s'en va en regardant son trophée.
L'avocat : Et maintenant tous au restaurant
La foule acclame et applaudit, en laissant passer Marie,
Charles et ses avocats.
La foule : Bravo Marie !

EPILOGUE

Marie Besnard continue de vivre dans sa maison de Loudun
jusqu'à sa mort en 1980, année à laquelle elle légua son corps
à la science.
L'affaire Marie Besnard, restera un des chapitres judiciaires
les plus intéressants du vingtième siècle.

9 782322 210619

« Édition : BoD – Books on Demand, 12/14 rond-point des Champs-Élysées, 75008 Paris. Impression: BoD - Books on Demand, Norderstedt, Allemagne BoD – Books on Demand, Norderstedt